MIE

三重県

丸善出版 編

丸善出版

刊行によせて

「47都道府県百科」シリーズは、2009年から刊行が開始された小百科シリーズである。さまざまな事象、名産、物産、地理の観点から、47都道府県それぞれの地域性をあぶりだし、比較しながら解説することを趣旨とし、2024年現在、既に40冊近くを数える。

本シリーズは主に中学・高校の学校図書館や、各自治体の公共図書館、大学図書館を中心に、郷土資料として愛蔵いただいているようである。本シリーズがそもそもそのように、各地域間を比較できるレファレンスとして計画された、という点からは望ましいと思われるが、長年にわたり、それぞれの都道府県ごとにまとめたものもあれば、自分の住んでいる都道府県について、自宅の本棚におきやすいのに、という要望が編集部に多く寄せられたそうである。

そこで、シリーズ開始から15年を数える2024年、その要望に応え、これまでに刊行した書籍の中から30タイトルを選び、47都道府県ごとに再構成し、手に取りやすい体裁で上梓しよう、というのが本シリーズの趣旨だそうである。

各都道府県ごとにまとめられた本シリーズの目次は、まずそれぞれの都道府県の概要（知っておきたい基礎知識）を解説したうえで、次のように構成される（カギカッコ内は元となった既刊のタイトル）。

Ⅰ　歴史の文化編

「遺跡」「国宝 / 重要文化財」「城郭」「戦国大名」「名門 / 名家」「博物館」「名字」

Ⅱ　食の文化編

「米 / 雑穀」「こなもの」「くだもの」「魚食」「肉食」「地鶏」「汁

物」「伝統調味料」「発酵」「和菓子 / 郷土菓子」「乾物 / 干物」

Ⅲ　営みの文化編

「伝統行事」「寺社信仰」「伝統工芸」「民話」「妖怪伝承」「高校野球」「やきもの」

Ⅳ　風景の文化編

「地名由来」「商店街」「花風景」「公園 / 庭園」「温泉」

土地の過去から始まって、その土地と人によって生み出される食文化に進み、その食を生み出す人の営みに焦点を当て、さらに人の営みの舞台となる風景へと向かっていく、という体系を目論んだ構成になっているようである。

この目次構成は、一つの都道府県の特色理解と、郷土への関心につながる展開になっていることがうかがえる。また、手に取りやすくなった本書は、それぞれの都道府県に旅するにあたって、ガイドブックと共に手元にあって、気になった風景や寺社、歴史に食べ物といったその背景を探るのにも役立つことだろう。

*　　　*　　　*

さて、そもそも47都道府県、とは何なのだろうか。47都道府県の地域性の比較を行うという本シリーズを再構成し、47都道府県ごとに紹介する以上、この「刊行によせて」でそのことを少し触れておく必要があるだろう。

日本の古くからの地域区分といえば、「五畿七道と六十余州」と呼ばれる、京都を中心に道沿いに区分された8つの地域と、66の「国」ならびに2島に分かつ区分が長年にわたり用いられてきた。律令制の時代に始まる地域区分は、平安時代の国司制度はもちろんのこと、武家政権時代の国ごとの守護制度などにおいて（一部の広すぎる国、例えば陸奥などの例外はあるとはいえ）長らく政治的な区分でもあった。江戸時代以降、政治的区分としては「三百諸侯」とも称される大名家の領地区分が実効的なものとなるが、それでもなお、令制国一国を領すると見なされた大名を「国持」と称するなど、この区分は日本列島の人々の念頭に残り続けた。

それが大きく変化するのは、明治維新からである。まず地方区分は旧来のものにさらに「北海道」が加わり、平安時代以来の陸奥・出羽の広大な範囲が複数の「国」に分割される。政治上では、まずは京・大阪・東京の大都市である「府」、中央政府の管理下にある「県」、各大名家に統治権を返上させたものの当面存続する「藩」に分割された区分は、大名家所領を反映して飛び地が多く、中央集権のもとで中央政府の政策を地方に反映させることを目指した当時としては、極めて使いづらいものになっていた。そこで、まずはこれら藩が少し整理のうえ「県」に移行する。これがいわゆる「廃藩置県」である。これらの統合が順次進められ、時にあまりに統合しすぎて逆に非効率だと慌てつつ、1889年、ようやく1道3府43県という、現在の47の区分が確定。さらに第2次世界大戦中の1943年に東京府が「東京都」になり、これでようやく1都1道2府43県、すなわち「47都道府県」と言える状態になったのである。これが現在からおよそ80年前のことである。また、この間に地方もまとめ直され、京都を中心とみるのではなく複数のブロックで扱うことが多くなった。本シリーズで使っている区分で言えば、北海道・東北・関東・北陸・甲信・東海・近畿・中国・四国・九州及び沖縄の10地方区分だが、これは今も分け方が複数存在している。

だいたいどのような地域区分にも言えることではあるのだが、地域区分は人が引いたものである以上、どこかで恣意的なものにはなる。一応1500年以上はある日本史において、この47都道府県という区分が定着したのはわずか80年前のことに過ぎない。かといって完全に人工的なものかと言われれば、現代の47都道府県の区分の多くが旧六十余州の境目とも微妙に合致して今も旧国名が使われることがあるという点でも、境目に自然地理的な山や川が良く用いられているという点でも、何より我々が出身地としてうっかり「○○県出身」と言ってしまう点を考えても（一部例外はあるともいうが）、それもまた否である。ひとたび生み出された地域区分は、使い続けていればそれなりの実態を持つようになるし、ましてや私たちの生活からそう簡単に逃れることはできないのである。

＊　＊　＊

各都道府県ごとにまとめ直す、ということは、本シリーズにおいては「あえて」という枕詞がつくだろう。47都道府県を横断的に見てきたこれまでの既刊シリーズをいったん分解し、各都道府県ごとにまとめることで、私たちが「郷土性」と認識しているものがどのようにして構築されたのか、どのように認識しているのかを、複数のジャンルを横断することで見えてくるものがきっとあるであろう。もちろん、47都道府県すべての巻を購入して、とある県のあるジャンルと、別の県のあるジャンルを比較し、その類似性や違いを考えていくことも悪くない。あるいは、各巻ごとに精読し、県の中での違いを考えてみることも考えられるだろう。

ともかくも、地域性を考察するということは、地域を再発見することでもある。我々が普段当たり前だと思っている地域性や郷土というものからいったん身を引きはがし、一歩引いて観察し、また戻ってくることでもある。有名な小説風に言えば、「行きて帰りし」である。

本シリーズがそのような地域性を再発見する旅の一助となることを願いたい。

2024年5月吉日

執筆者を代表して
森岡　浩

目　次

知っておきたい基礎知識　1

基本データ（面積・人口・県庁所在地・主要都市・県の植物・県の動物・該当する旧制国・大名・農産品の名産・水産品の名産・製造品出荷額）／県章／ランキング1位／地勢／主要都市／主要な国宝／県の木秘話／主な有名観光地／文化／食べ物／歴史

Ⅰ　歴史の文化編　11

遺跡 12／国宝/重要文化財 17／城郭 22／戦国大名 30／名門/名家 38／博物館 46／名字 51

Ⅱ　食の文化編　57

米/雑穀 58／こなもの 64／くだもの 67／魚食 72／肉食 76／地鶏 81／汁物 86／伝統調味料 91／発酵 96／和菓子/郷土菓子 102／乾物/干物 110

Ⅲ　営みの文化編　115

伝統行事 116／寺社信仰 121／伝統工芸 127／民話 133／妖怪伝承 139／高校野球 145／やきもの 151

Ⅳ 風景の文化編 155

地名由来 156／商店街 161／花風景 167／公園/庭園 172／温泉 176

執筆者 / 出典一覧 180
索 引 182

【注】本書は既刊シリーズを再構成して都道府県ごとにまとめたものであるため、記述内容はそれぞれの巻が刊行された年時点での情報となります

三重県

知っておきたい基礎知識

- 面積：5777 km^2
- 人口：171万人（2024年速報値）
- 県庁所在地：津市
- 主要都市：桑名（くわな）、四日市、鈴鹿、松阪、伊勢、伊賀、名張、尾鷲（おわせ）、鳥羽（とば）、志摩（しま）、亀山
- 県の植物：神宮スギ（木）、ハナショウブ（花）
- 県の動物：カモシカ（獣）、シロチドリ（鳥）、伊勢エビ（魚）
- 該当する旧制国：東海道伊勢国（いせのくに）（北部、だいたい度会郡（わたらいぐん）よりも北）・伊賀国（いがのくに）（北西部、伊賀盆地の一帯）・志摩国（しまのくに）（東部の半島突端部：鳥羽市と志摩市）、南海道紀伊国（きいのくに）（尾鷲市など熊野灘沿岸部）
- 該当する大名：津藩（藤堂氏）、桑名藩（本多氏、松平氏など）、紀伊藩（徳川氏）、鳥羽藩（九鬼氏（くきうじ））
- 農産品の名産：チャ、牛肉、コメ、ミカンなど
- 水産品の名産：真珠、伊勢エビ、アワビ、カキなど
- 製造品出荷額：10兆4317億円（2020年）

●県　章

三重県の「みえ」の頭文字である「み」の字を右横上がりになるようにデザインしたもの。また真珠の養殖も意識している。

●ランキング1位

・ナローゲージの旅客営業キロ　三重県地域連携・交通部交通政策課の集計による。ナローゲージというのは鉄道の中でも日本でよく使われる1067mmよりも狭い軌間で敷設された鉄道を指すのだが、三重県には全国でおよそ47kmあるうちの27kmがある（残り20kmは富山県の黒部渓谷鉄道）。路線は桑名と四日市という北勢の主要都市と郊外をつなぐ近郊列車3路線である。

●地　勢

東海地方とも近畿地方とも分類される、北を木曽三川河口部から、南を熊野から流れ下る新宮川によって区切られた一帯にあたる。南北で大きく地勢に違いがあり、北の伊勢地域は雲出川・鈴鹿川・宮川・金剛川などが作る海岸部の平野が広く、北西部の伊賀地域は山も多いとはいえ伊賀・名張の盆地が広がっているなど、平地はそれなりに多い。一方の南は紀伊半島・熊野の山岳地帯が沿岸にまで迫っていてリアス海岸が志摩半島にかけて連なり、平地はほとんどない。その徹底ぶりは、かつては本州にあるにもかかわらず、海からしか行けない集落が複数あるほどであった。

海岸線も先ほど述べた通り、南部のリアス海岸と北部の伊勢湾沿岸の比較的出入りが少ない海岸線が好対照をなしている。ただ、太平洋岸における内海のようになった伊勢湾は古くから近畿地方の東の出口の一つとしても海運が盛んで、県庁所在地の津市の前身となった安濃津に加えて桑名や伊勢大湊、鳥羽といった港町が発展した。志摩半島は特に南海岸の賢島のあたりが多島海を呈しており、リゾート地としても知られている。

山は主には滋賀県との境をなす御在所岳や、伊賀と伊勢を分ける青山高原、志摩半島で霊場として知られた朝熊岳、東海道の古くからの難所である鈴鹿峠などが知られている。なお、南の山岳地帯にはあまり有名な山はないが峻険であり、このため近世初頭に至るまで志摩・紀伊・伊勢の国境ははっきりとは定まらなかった。

●主要都市

・津　市　平安時代より三津七湊の一角として栄えた港町、安濃津を前身とする県庁所在地。ただし現代の都市は、江戸時代初頭に藤堂高虎が築いた城下町に由来している。また平成の大合併によって市域には、津藩の支藩であった久居の城下町も含んだ。北には工業都市の鈴鹿市がある。

・**四日市市**　中世から市場町として栄えた北勢地区の中心都市にして、県内屈指の工業都市。石油化学コンビナートで栄えるが、その排煙はかつて四大公害病の一つ、四日市ぜんそくの原因ともなった。山岳部には東海地方の奥座敷としても知られる温泉、湯の山温泉がある。

・**桑名市**　中世以来「十楽の津」とも呼ばれた繁栄した港町にして、近世には同時に城下町であった。「その手はくわなの焼き蛤」というダジャレがあるように、古くからハマグリの名産地としても知られている。東海道はここから宮宿（愛知県名古屋市熱田）まで海を渡っていた（七里の渡し）ために、港の常夜灯などが今も残っている。

・**松阪市**　伊勢地域の平野の南部に、近世初頭に築かれた城下町に由来する都市。ただし、その築いた城主は早くに転封になったことから、近世はもっぱら伊勢地域にある紀伊徳川家所領の中心地として、また伊勢への街道の交通の要衝として栄えている。

・**伊勢市**　日本国内でも特に多大な信仰を受けてきた神社、伊勢神宮の門前町に由来する都市。ただしより細かく見ると、外宮の門前町である山田と、内宮の門前町である宇治を核としており、近代の国家神道の中で都市部がさらに整備された経緯も持つ。また、宮川河港の大湊は古くは伊勢湾海運の中心地として栄えた。

・**鳥羽市**　志摩半島の北側、古くから熊野灘という難所に入る直前の風待ち湊として栄えた都市。志摩半島を支配した城下町でもある。近代においてはもっぱら真珠養殖の地として知られている。

・**伊賀市**　古くは大坂の豊臣氏を警戒して築城されたと伝えられる城、上野城の城下町を中心に平成の大合併で拡大した都市。なお、伊賀盆地は西へと向かい淀川へと合流していく木津川の上流部にあたることもあり、古くから盆地南部の名張市ともども西隣の奈良県とのつながりも深い。

・**尾鷲市**　年間平均降水量が全国トップクラスであることでも知られる、南部地域の中心都市。その降水に育まれて付近の山では良質のヒノキが育ち、江戸時代以来の林業の中心地兼積み出し港として発展してきた。

●主要な国宝

・**高田本山専修寺**　津市一身田地区に所在。県内で建築物としては唯一国宝に指定されている、御影堂と如来堂からなる浄土真宗の木造寺院建築であり、1679年に落慶供養が行われた。その大きさは国内でも有数である。なお、浄土真宗とはいっても現在最も信徒が多い東西両本願寺とは別宗派であり、宗祖の親鸞が東国（関東）で布教した際に生まれた門徒集団を源流とする。

・**伊勢国朝熊山経ヶ峯経塚出土品**　意外に思われる読者もいるかもしれないが、伊勢神宮自体は国宝ではなく（重要文化財ではある）、その東にある朝熊山で発掘された「線刻阿弥陀三尊来迎鏡像」などが国宝に指定されている。この山は伊勢神宮と並んで古くから伊勢地域の霊場として知られ、鎌倉時代に中興された後、江戸時代には伊勢神宮と二見浦を回ったうえでさらに朝熊山の金剛證寺にお参りすることがもっとも正式な参拝といわれるほどであった。

●県の木秘話

・**神宮スギ**　伊勢神宮周辺の森は神域の森として、古くから伐採などが制限されてきた。このため、内宮などをはじめとして、戦中の空襲をも耐えたスギの巨木が多数存在する。その親しまれぶりは、その年輪に見立てたバウムクーヘンが伊勢志摩サミット（2016年）でも供されたほどである。

・**ハナショウブ**　全国的に湿地を好んで紫色の花を咲かせる植物だが、三重県では特に南部、明和町斎宮（「歴史」で少し触れる斎宮の座所があったことに由来）にある、園芸化される以前の原種と考えられているノハナショウブの群落が有名である。この群落は江戸時代に伊勢神宮周辺の名所を描いた「伊勢参宮名所図絵」でも登場するほど有名であった。

●主な有名観光地

・**伊勢神宮**　古くから伊勢地域のみならず、天皇家などの信仰も集めてきた伊勢神宮は、厳密には内宮と外宮からなる。このうち、よく写真にも登場する大鳥居と五十鈴川にかかる橋がある方が内宮である。内宮は太陽神たるアマテラス、外宮は食物と産業の神とされるトヨウケヒメを主に祀る。このために、特に平安時代後期以降、伊勢神宮は農業や商売の神としても幅広く信仰を集めるようになり、江戸時代のお蔭参りなどの隆盛を生んだ。沿岸の二見浦も夫婦岩を通じたご来光で有名である。

・**賢　島**　志摩地域はリアス海岸が連なり、交通の便はやや悪いもののそれゆえの、風光のよいリゾート地としても知られている。とはいえ、リゾート地となるにはそれなりの開発の歴史があり、戦後から近畿日本鉄道がホテルの整備などを進めてきた。その取り組みもあって、2016年にはサミットの会場にも選ばれている。近年では、長年運営が続けられてきた志摩スペイン村もよく知られるようになっている。

●文 化

・伊賀忍者 奈良県に隣接し、京都府にも近い伊賀地域はそのために古代から荘園が多数あり、この結果、戦国時代には隣接する甲賀地域（滋賀県南部）の一帯にかけて小領主が多数分立した。日本におけるスパイ・情報収集技能の代名詞となる忍者は、このような相互の動向の探り合いが必要な状況、また京などの大名・有力者から依頼を受けやすい場所がら故に生まれたと考えられており、現在でも伊賀地域の代名詞となっている。なお、忍術などには超常の技を使う印象があるが、これは伊賀・大和（奈良県）の境の山々が、笠置山地をはじめとした山岳信仰の霊場でもあったことが寄与していると考えられている。

・鈴鹿サーキット 自動車産業が近現代に特に盛んになった東海一帯の一角、浜松（静岡県）に創業したHondaは、1962年に創業者の社長肝いりで、鈴鹿に国内初となるレース場を誕生させた。海外の研究、ひいてはここでのレースによる自動車関係技術のさらなる発展をもくろんで誕生したこの施設は、現在でもF1の日本での会場であることがよく知られているが、それ以上に高速運転を前提として建設された道路施設という点が非常に大きく、高速道路に対応した白バイ隊などの訓練は、当初ここで行われた。

・伊勢神宮の式年遷宮 伊勢神宮では20年おきに内宮・外宮の双方において、本殿をまっさらに建て替える神事が行われる。木曽地域（長野県）からはそのための木材が運ばれる。また周辺の伊勢南部地域をあげて大勢の人が参加する。なお、建て替えられるのは神宮のみならず、内宮入り口の宇治橋なども架け替えられる。

・真珠養殖 そもそも真珠はアコヤガイの中に入りこんだ異物の上に、分泌物が幾重にも重なってできるものだが、それゆえに本来は希少このうえなく、かつ乱獲による絶滅すら懸念されるものであった。これに対し、最初から貝の中に異物をいれ、穏やかな入江で育てるという養殖技法を確立したのが、志摩地域鳥羽の海産物商人だった御木本幸吉である。志摩地域のリアス海岸はこれに適しており、現在でも真珠養殖が盛んにおこなわれている。

●食べ物

・伊勢うどん　伊勢神宮近くでよく食される、太目の柔らかくゆでたうどんに濃いたれをかけて食される料理。江戸時代から神宮などへの観光客や参拝客が多い伊勢地域では、客に早く出せる料理として、麺をゆで続けてたれをかければすぐ出せるようにしていたのだ、という伝承もある。同じく伊勢参拝の土産として有名になった料理には、柔らかい餅に餡を波に見立てるようにかぶせた「赤福餅」がある。

・てこねずし　志摩半島周辺地域が面する熊野灘の一帯は、黒潮にのったカツオやマグロの好漁場としても知られている。平地も少ないこの一帯では漁業（海女の素潜り漁も有名）・海運で生計を立てる者も多く、これらの魚をたれに付け込んでごはんと合わせるこの料理は古くからの伝統料理として知られてきた。

●歴　史

•古　代

現代においても近畿地方なのか東海地方なのか、地方分類が難しい県に挙げられることが多い三重県であるが、大きな軸としては、伊賀地域や甲賀地域の山中を経由して近畿地方に出る東西の動きと、伊勢湾岸を行き来する南北の動きとの二つに育まれてきた。縄文時代から集落としては奈良時代に至るまでの遺跡である天白遺跡（松阪市）では、東北・関東・中部・北陸などの特徴を持つ土器が発掘されている。一方、ヤマト政権の支配も山を越えて4世紀ごろには県域に及んでいたらしいが、この辺りのはっきりしたことは不明である。

しかし、当時の大和から見た場合、山があるとはいえ最短ルートで東の海に出られるのはこの伊勢へと向かう道筋であった。そのことは672年に発生した壬申の乱において、吉野（奈良県中南部）にいた大海人皇子（後の天武天皇）が東国からの大友皇子への援軍をふさぐため、伊勢を経由して美濃国不破関（岐阜県）に向かった、という伝承にも残っている。また、平城京に都があった奈良時代には、東海道は平城京から東に向かい伊賀を通るルートを本道としていた（平安時代以降に現在の鈴鹿峠越えに変更される）。伊賀国は伊勢国から680年に分置された、と伝承されている。志摩国は早くからあったが、伊勢国の強い影響下にあったらしい。

また、古代において忘れてはいけないのは伊勢神宮の存在である。起源伝承に幅があるため、創設時期は5世紀〜7世紀まで幅があるが、少なくとも670年に天武天皇の皇女が斎宮（天皇家の者で伊勢神宮の祭祀を天皇に代わって行うように任ぜられた女性、14世紀まで存続）に任ぜられたという記録があるので、この時期にはあったらしい。このことは伊勢国の一部の郡が伊勢神宮の財源に充てられる郡と規定されたりするなどの形で、その後の伊勢の歴史に影響を及ぼした。

●中　世

このような形で伊勢・伊賀には神宮や隣国大和の東大寺などの荘園が多数設けられた。また伊勢湾一帯はそもそも太平洋の一種の内海として海運が古くから盛んな一帯であり、安濃津（今の津市）や大湊（伊勢市）といった港町が、伊勢神宮への米の流通などと結びついて繁栄している。このうち、安濃津近くに下向したのが伊勢平氏と呼ばれる武士であり、その子孫が平安時代末期に初めて武家が政権を握ることになるときのその棟梁、平清盛である。

平氏政権はその後、治承・寿永の乱で滅亡し、武家政権は鎌倉幕府に移行するものの、近畿と東海を結ぶ土地としての重要性は依然健在であり、北条氏が守護を務めている。またこのころから、伊勢神宮への信仰が「伊勢御師」と呼ばれる集団を通して、全国に広まり始めた。

南北朝・室町時代にはいよいよこの東西のつなぎ目という点が重要になる。つまり、吉野（奈良県）に移った南朝方が吉野の外へと影響力や連絡を保つにあたって、吉野から東にまっすぐ向かう道筋が伊勢を通っているため、伊勢に影響力を持っているかが重要だったのである。このため、南部のその道筋の要、多気には南朝方の重臣であった北畠顕能が伊勢国司の扱いで陣取り、長く抵抗することになる。さすがに子供の時代には北朝・室町幕府に帰順するものの、その基盤は戦国時代に至るまで北畠氏を戦国大名として存続させるに至った。一方、沿岸部では1494年の明応地震という災害が起こる。東海地域全域に甚大な被害を与えたこの地震と大津波により、この時代に至るまで主要港湾「三津七湊」の一角として栄えていた安濃津が壊滅したのである。文化史上では室町時代から、北部にある一身田の専修寺を中心とした浄土真宗の門徒が増加していく。

戦国時代には伊勢北部と伊賀に小土豪が割拠した（いわゆる伊賀忍者はこの時代に由来）のに対して、伊勢中部の神戸氏（かんべうじ）、南部の北畠氏が知られている。伊勢神宮も何とかこの時代を生き抜き、また志摩地域では水軍としての九鬼氏（くきうじ）もよく知られている。そして戦国時代の末期、織田家の著しい領土拡大に、伊勢・伊賀・志摩は血みどろの惨劇（天正伊賀（てんしょういが）の乱、長島（ながしま）一向一揆（いっこういっき））などを経験しつつも巻き込まれて、既存の豪族の多くが滅亡する中で近世を迎えることになる。

なお、東西交通という点では1582年、本能寺の変直後の混乱を受けて、近畿地方を大急ぎで脱出して東海地方の浜松にある本国に帰ろうとした徳川家康（とくがわいえやす）による伊賀越えが起こっている。彼らは山を越えると伊勢湾から三河へと海をまっすぐわたっていくなど、近畿から東海に抜ける最短ルートとしての価値が久しぶりに発揮された事件であった。

●近　世

近世の県域は、大きくは紀伊徳川家の支配下となった松坂などの南部地域、伊賀から伊勢中部という東西交通の要の部分に幕末まで安定して領地を確保し、西国方面への警戒を任された藤堂氏の津藩（なお津城の築城により、中世安濃津は現代にいたるまで遺構の位置すら不明となった）、桑名に置かれた譜代大名（ふだいだいみょう）と大まかには推移する。

伊勢地域の経済をこの時代支えたものの一つがお伊勢参りである。各地から人々が詰めかけたお伊勢参りは、この時期に伊勢神宮信仰が国を挙げてとみなされたこと、これを名目にすれば比較的自由に旅行ができたことが大きく、伊勢神宮の門前町である古市や山田、大湊をはじめとして多くの町々がにぎわった。時には「伊勢神宮のお札が降ってきた」などの風説から急遽同時多発的に参拝客が詰めかけることもあり、これがいわゆる「お蔭（かげ）参り」である。伊勢参拝の後、さらに熊野（和歌山県）に向かう人も多く、現代に残る熊野古道伊勢路はこの時代に再整備されたものがもとになっている。また、街道の途中の町松坂は伊勢にある紀伊藩領の中心地として、また伊勢街道沿いの河港都市として豪商や文化人が多く、江戸有数の商人にして現代の三井グループにもつながる隆盛のもと「越後屋呉服店（えちごやごふくてん）」（三越）を築いた三井高利（みついたかとし）や、『源氏物語』や『古事記（こじき）』の研究により古典文学研究の再生と江戸後期の国学のきっかけを作った本居宣長などを輩出している。特に後者は、古典日本語の研究の先鞭に加え、江戸時代後期に盛り上がることになるナショナリズムの走りともいうべき思想の導きともなった。

●近　代

幕末の戊辰戦争において、三重県では徳川家一族の桑名藩主が一軍を率いて新政府軍と越後から転戦して戦うという一波乱はあったものの、おおむね県域においてそれ以外の大きな衝突はなかった。県内には幕府領に加えて伊勢神宮領（伊勢国のうち宮川よりも東側は豊臣政権下でお墨付きを得て以来、江戸時代においても神宮領とする扱いが継続していた）が含まれていたため、いったんこの地域を管轄する度会県が廃藩置県に先立って1869年に設置され、廃藩置県とその後の整理が終わる1872年までに、伊勢南部・志摩・紀伊北部を管轄する度会県と、伊勢北部と伊賀を管轄する安濃津県が設置された。この安濃津県の県庁が一時、三重郡の四日市に移されたことで、現在の県名である三重県に改称している。1876年に両県が合併し、これをもって現在の三重県域がほぼ確定した。

これ以降の三重県は、一方では北勢地域を中心とした大都市名古屋に近い工業県として、一方では南勢地域の伊勢神宮と志摩に代表される観光の県としての歴史を歩む。北部の桑名や四日市には工場や石油コンビナートが多数立地するものの、そのことが四大公害病の一つにも数えられた四日市ぜんそくも引き起こした。南部においては伊勢神宮を一つの焦点として、戦前においては国家神道の推進とそれに伴う「神都」建設というナショナリズム的な流れにおいて、戦後は志摩のリアス海岸に代表されるリゾートと、再び大衆信仰を志向するようになった伊勢神宮が観光地となっている。関西とのつながりも近鉄などを通じての特急列車の頻繁な運行などで依然強い。また農産品でも、松坂牛やみかんを始めとして、近代に広まった特産品が多い。

【参考文献】

・稲本紀昭ほか『三重県の歴史』山川出版社、2015

I

歴史の文化編

納所遺跡（琴状木製品）

地域の特色

三重県は、日本のほぼ中央にあり、近畿地方の東部を占める。東は伊勢湾、南は熊野灘に臨む。南北に細長く、北は木曽三川で愛知・岐阜県と接し、西側の鈴鹿山脈や大台山系によって滋賀・奈良県と境を接する。県域のやや南部に中央構造線が走り、その南側は紀伊山地から続く山がちの地勢であり、海に接するところではリアス海岸を形成している。特に志摩半島には隆起海食台地が発達し、複雑な海岸地形を形づくっている。県北部の員弁、鈴鹿、安濃、雲出、櫛田、宮川など河川が形成した伊勢平野には、古来より数多くの遺跡が点在する。縄文時代の遺跡は、特に内陸部の河岸などに展開し、貝塚は三河・尾張の沿岸部とは対照的でほとんど認められない。弥生時代以降は、伊勢湾岸の平野部に、拠点的な集落が築かれ、弥生後期には平地に接した台地、丘陵上にも集落が形成されていく。

古代においては、西側を伊賀国、東側を伊勢国、南側を志摩国などが占めていた。特に伊勢国は伊勢神宮の鎮座する地であり、古来より大和との関りは深く、672（天武元）年の壬申の乱では大海人皇子は吉野を出発し、伊賀から加太を越えて鈴鹿に至り、朝明郡迹太川辺（現・四日市市大矢知町）で天照大神を遙拝し、美濃国に向かっている。伊勢神宮の外宮・内宮は現在もともに神域であり、考古学的調査はほとんど行われていないが、周辺の地域では数多くの神宮に関わる古代遺跡が点在している。

伊勢国は承久の乱後、北条時房はじめ北条氏一門が治めたが、南北朝時代に入ると、雲出川以南の一志・飯高・飯野・多気・度会の諸郡に、北畠親房が宗良親王とともに進出し、さらに熊野方面をも勢力下に入れた。北畠氏は代々伊勢国司となるが、織田信長によって滅亡した。江戸時代、伊勢国に封ぜられた大名は譜代、外様など多彩であり、伊勢には山田奉行が置かれ、幕府直轄であった。伊賀国は室町時代には仁木氏が守護となるが、関ヶ原の戦い後、藤堂高虎が伊賀および伊勢に移封し、津と上野に城

凡例　史：国特別史跡・国史跡に指定されている遺跡

代を置き、幕末まで治めた。志摩国は室町時代には1人で志摩・伊勢両国の守護を兼ねるのが慣例であった。やがて九鬼氏が台頭、関ヶ原の戦い後、鳥羽城主となるも転封。以後藩主の交代は頻繁となり、幕末に至る。1871年、北勢に安濃津県、南勢に度会県ができ、翌年安濃津県を三重県と改称、1876年両県が合併して三重県となり、県域が確定した。

主な遺跡

大鼻(おおはな)遺跡

＊亀山市：鈴鹿川谷底低地に接する北縁台地、標高87mに位置
時代 縄文時代早期〜鎌倉時代

1985年から国道バイパス建設工事に伴い、三重県教育委員会によって発掘調査が実施された。竪穴住居跡や煙道付炉穴(えんどうつきろあな)などが検出され、土器の多くは押型文(おしがたもん)土器であった。煙道付炉穴は古墳時代の竈(かまど)に類似した形状で、屋外炉あるいは土器焼成土坑などと推測されている。縄文早期の「大鼻式(おおばなしき)土器」の標識遺跡となっており、西日本の押型文土器としては最古級のものとされる。また、竪穴住居跡から土偶が1体検出され、胸部のみが残存し、発見当時は日本でも最古級の土偶として注目された。なお現在は、2010年に滋賀県の相谷熊原遺跡（東近江市）で出土した土偶が日本最古級として知られる。古墳時代の小型竪穴住居跡、平安・鎌倉時代の掘立柱建物跡も検出されている。

森添(もりぞえ)遺跡

＊度会郡度会町：宮川中流右岸の段丘端の微高地、標高約20〜21mに位置 時代 縄文時代中期〜晩期

1986年、「久具(くぐ)の渡(わた)し」の渡河地点における架橋に際して、発掘調査が実施された。竪穴住居跡のほか配石群、土坑、焼土などが検出された。土器は東北系や中部山地系、北陸系、三遠系など各地のものが認められる。赤彩されたものが多く、原料はすべて水銀朱(すいぎんしゅ)であり、貯蔵されていた可能性のある土器や朱の付着した石皿や磨石も検出された。

伊勢国は『続日本紀(しょくにほんぎ)』にも記されるように、水銀や辰砂(しんしゃ)の産地であり、特に櫛田川流域の勢和村丹生は古くからその生産地であったと考えられる。縄文時代晩期の池ノ谷(いけのだに)遺跡（多気郡多気町）では、朱の付着した磨石や石皿などの水銀精製の道具類のほか、辰砂原石も認められている。こうした水銀朱関連遺跡は櫛田川流域にも数多い。森添遺跡はそうした生産地から運ばれていく、水銀朱の中継地としての役割を果たしていた可能性も指摘されている。

納所遺跡

＊津市：安濃川下流北岸の自然堤防上、標高約5mに位置
時代 縄文時代晩期～古墳時代

1923年に鈴木敏雄により発見され、1936年、当時弥生前期とされた櫛目式土器の遺跡として吉田富夫が紹介。1973～75年にかけて県道バイパス建設に伴い調査が行われ、竪穴住居跡、方形周溝墓、土坑墓などが検出された。竪穴住居の形状は、弥生時代中期中頃以降に円形から方形への変化が生じたものと考えられている。また、方形周溝墓と土坑墓が併存しており、土坑墓からは穿孔土器や管玉・ガラス玉などが出土することから、集団内における階層分化を示唆するものと評価されている。

また、自然流水路からは弥生前期の土器や木製農具類が多数検出されたほか、容器類、建築部材や櫛・琴状木製品なども認められた。弥生時代前期の琴状木製品は類例が少なく注目される。自然遺物ではイノシシ、シカ、ウマ、マイルカの骨やヤマトシジミ、タマムシなどの昆虫、イネ、ヒエなどの穀類、イチイガシ、オニグルミ、トチノキなどの堅果類、マクワウリ、ヒョウタン、スイカ、シソ、モモ、スモモなど外来の植物遺体が出土している。弥生時代後期以降は古墳時代の自然流水路、平安時代の掘立柱建物、土坑などが認められるが、土地利用は散漫となる。

遺跡面積は東西約440m、南北約350m、面積約15万4,000m²と大規模なもので、遺物量も県内では最大級である。特に、石器や木製品には未製品や製作時の剥片、チップも認められており、生産遺跡としての側面を示唆している。本遺跡周辺には集落遺跡が点在し、例えば北西側の丘陵に位置し、弥生時代中期後半の重複する竪穴住居跡が200基近く検出された長遺跡（津市）や、近接する山籠遺跡（津市）（竪穴住居10軒、土坑5基、溝11条などを検出）では、未製品の出土はほとんどなく、こうした集落への物資供給など拠点的な役割を納所遺跡が担っていた可能性も指摘されている。

御墓山古墳

＊上野市：柘植川南岸の谷底低地に北面した丘陵端、標高約176mに位置 時代 古墳時代前期 史

戦前よりその存在が知られており、1921年に国指定史跡となっている。発掘調査が行われていないため、主体部などの様相は不明であるが、円筒埴輪やキヌガサ形埴輪などが採集されており、墳形の特徴も併せて、5世紀前半に比定されている。南宮山から派生した丘陵の末端部を利用し、前方部を北東に向け、主軸長約188m、前方部幅約90m、高さ約12m、後円部径約110m、高さ約14mを測る。3段築成で南側に幅広い周溝が半周する。

西側のくびれ部につくり出しがあり、全面に葺石（ふきいし）が施されている。古墳東側付近には、一辺10mの方墳が2基、陪塚（ばいちょう）として築造される。前方後円墳としては三重県下最大級を誇る。

なお、北東1.5kmには県下最古級の東山古墳（伊賀市）がある。1986年に県道工事に伴い調査されたもので、楕円形の墳丘（長径21m、短径17m）で、割竹形木棺を据え、四獣鏡（しじゅうきょう）、剣、銅鏃、砥石、不明鉄製品、器台、高坏（たかつき）が出土し、棺内には朱が施されていた。4世紀前半と推定されている。

南山（みなみやま）古墳

＊伊勢市：五十鈴川の谷底平野に東面する丘陵頂部、標高約30mに位置　**時代** 古墳時代後期

1978年に調査され、墳丘は径約17m、高さ約2mの円墳であるが、きわめて特徴的なのは石材の代わりに木材を使用して墓室を構築する、横穴式木室を有している点である。埋葬後に火化する場合もあり、カマド塚、窯槨墳（ようかくふん）とも呼ばれる。本古墳は火化されておらず、羨道（せんどう）部は石積みが施される。木室内からは直刀、轡（くつわ）、鐙（あぶみ）、刀子（とうす）、鉄鏃などが出土し、3体埋葬されていたものと推測された。築造は6世紀中頃と推定されている。こうした横穴式木室は二見浦の湾口部を望む丘陵に位置する昼河（ひるご）古墳群（伊勢市）で4基、君ヶ口（きみがくち）古墳（津市）に1基認められ、県外では兵庫、大阪、京都、滋賀、福井、岐阜、静岡、埼玉などに認められるという。

なお、周辺域では、伊勢神宮外宮の神域として知られる高倉山（たかくらやま）に高倉山古墳（伊勢市）がある。古墳時代後期（6世紀後半～末）の円墳（墳丘径32m、高さ8m）で、墳丘に対して規模がきわめて大きい両袖式横穴式石室（全長18.5m、幅3.3m、高さ4.1m）をもつ。奈良県の丸山（旧名・見瀬丸山）古墳に次ぐ規模を誇るとされ、1975年の調査では、馬具、太刀、水晶製（すいしょうせい）三輪玉（みわたま）、ガラス小玉、須恵器（すえき）、土師器（はじき）などが出土し、飛鳥寺心礎（あすかでらしんそ）埋納物（まいのうぶつ）と類似する捩（ねじ）り式金環も検出されている。

天花寺廃寺跡（てんげいじはいじあと）

＊松坂市：雲出川支流、中村川西方の平野、標高約11mに立地　**時代** 飛鳥時代

江戸時代より礎石の存在が知られ、1979年、80年に発掘調査が実施された。掘込み地形による一辺約11mの版築基壇（はんちくきだん）の塔跡と、東西約20m、南北約17.5mの金堂跡を検出した。六角形、方形の塼仏（せんぶつ）や塑像（そぞう）の螺髪（らほつ）、坐像膝前（ざぞうひざまえ）などが出土したほか、瓦は河原寺式（かわはらでらしき）、藤原宮式（ふじわらのみやしき）の軒丸瓦（のきまるかわら）が検出された。この地域には古代寺院が多く、天花寺周辺では、一志廃寺（いちしはいじ）、中谷廃寺（なかたにはいじ）が、また中村川右岸には上野廃寺（うえのはいじ）、嬉野廃寺（うれしのはいじ）、須賀廃寺（すがはいじ）があり、須賀

廃寺では金銅製菩薩半跏思惟像が出土している。こうした密集した寺院群は全国的にも珍しく、これらの寺院に供給された瓦窯として、辻垣内瓦窯群（松坂市）が認められている。特に2号窯からは鴟尾が2個体分出土した。

斎宮跡

＊多気郡明和町：櫛田川の分流、祓川右岸の台地西端部、標高約8〜15m に位置　時代 飛鳥時代〜平安時代　史

1970年、住宅団地造成の計画が始まったことから、「三重県文化財と自然を守る会」により保存運動が行われ、1973年より範囲確認調査を実施、1979年には国史跡に指定された。行政側が地権者との調整を行い、順次買上げが行われている。買上げ後の管理は、公益財団法人斎宮跡保存協会が行っている。いわゆる天皇が即位ごとに伊勢神宮へ奉斎すべく派遣される伊勢斎王（斎内親王）の宮殿跡であり、その家政機関である斎王寮も含んでいる。

継続的な発掘調査が続けられており、東西2km、南北約700m の範囲に、竪穴住居跡300棟以上、掘立柱建物跡1,800棟以上のほか、井戸や道路、柵列、門などが検出されている。飛鳥時代には遺跡の西側に遺構が偏るが、奈良時代以降は中央へ移る。幅約2.4m の側溝を伴う、幅約12〜13.5m の道路で碁盤目状に区画された一辺約120m の方格地割（南北4、東西7区画）が確認されている。遺物では、土師器のほか緑釉陶器や三彩陶器、硯、墨書土器や木簡も認められる。「美濃」と施印される土器をはじめ、水司、膳司、殿司などと墨書された土器は、斎王寮の官制や実態を知るうえで貴重な資料といえる。外院は檜皮葺き、内因は茅葺きであるとの史料の記述どおり、瓦類はほとんど検出されていない。

なお斎王は673（天武2）年の大来皇女を嚆矢とし、1333（元弘3）年、後醍醐天皇の皇女祥子内親王が卜定されたものの、戦乱で伊勢には向かわず、1336（建武3）年に祥子内親王が野宮に退下し、途絶した。現在、博物館施設をはじめ、約137ha に及ぶ史跡の整備が進む。

国宝／重要文化財

俳聖殿

地域の特性

近畿地方の東部に位置する。北側に養老山地と鈴鹿山脈があり、北西側に上野盆地と名張盆地、南西側に高見山地と大台ヶ原山系の山地が広がる。北東側には伊勢湾に沿って伊勢平野が広がり、志摩半島をはさんで南東側には熊野灘に面したリアス海岸がのびている。伊勢平野は濃尾平野に隣接して古くから名古屋との水陸交通が発達し、中部地方の経済圏と結びつきが強い。近代的工業地帯も県北東部を中心に展開し、人口も集中している。県南部は山地が多く人口は少ない。林業や柑橘類栽培などが営まれている。県北西部の上野盆地は大阪に通じる淀川水系に属し、機械工業などの進出がみられる。

伊勢神宮の創始については不明な点が多い。672年の壬申の乱で勝利した大海人皇子は、翌年即位して天武天皇となり、勝利に伊勢神宮の加護があったとして、伊勢神宮に奉仕する斎王を復活させた。祭主制が導入されて祭祀組織が整えられ、伊勢神宮は国家的守護神の地位を得た。お伊勢参りが盛んになったのは室町時代からで、御師と呼ばれる祈祷師のような神主が庶民を参詣へと導いた。中世には北畠氏が勢力を維持していたが、戦国時代に織田信長が侵入して北畠氏を亡ぼした。江戸時代に藤堂氏の津藩32万石のほかに、七つの中小藩があった。明治維新の廃藩置県で多数の県が設置された後、1876年に三重県に統合された。

国宝／重要文化財の特色

美術工芸品の国宝は4件、重要文化財は159件である。津市専修寺に国宝／重要文化財が多くある。専修寺は親鸞を宗祖とする真宗高田派の大本山で、もともと栃木県真岡市の専修寺が教団発祥の地だった。室町時代末期に本拠が三重へ遷され、その後大きな兵火や罹災を受けなかったため、親鸞以来の宝物が多く伝わった。伊勢神宮にも国宝／重要文化財が多く、なかでも多数の古書籍や古文書が神宮文庫に収蔵されている。建造物の国宝は2件で、重要文化財は23件である。

◉三帖和讃　津市の専修寺の所蔵。鎌倉時代中期の典籍。親鸞（1173～1262年）が作成した仏の教義や功徳、高僧の事績をほめたたえる讃歌を、1257年に書写した仏典である。日本語で詠まれたために和讃といい、曲節をつけて詠唱する。和讃は平安時代中期頃から天台浄土思想の良源、千観、源信らによって始まり、浄土教各宗の確立とともに鎌倉時代以降数多く制作された。法会の音楽化とともに声明として発達し、法会以外の場にも広く普及したとみられている。親鸞の和讃は4句1首形式、七五調で、思想性や構成力、宗教感情に富み、情緒豊かだと高く評価され、その代表作が三帖和讃である。内容は、浄土三部経などの経意を讃えた浄土和讃、竜樹、天親、曇鸞、道綽、善導、源信、源空（法然）の浄土七祖の事績を讃えた浄土高僧和讃、親鸞自身の信仰を詠った正像末法和讃の3部からなる。親鸞の生前に弟子の真仏が大半を書写し、一部が親鸞自筆とされている。専修寺にはそのほかに、師法然の遺文を親鸞がまとめた西方指南抄◉をはじめ教行信証◎などの教義書、多数の書状からなる親鸞聖人消息◎など親鸞関係の文書が多く所蔵されている。専修寺は真宗高田派の本山だが、もともと高田派本山は、親鸞の関東での活動拠点だった栃木県真岡市の高田山専修寺だった。高田の専修寺が戦国時代に兵火で焼失したので、本山の機能が伊勢国一身田の現在地に移された。高田門徒の直弟子の系譜を継ぐ専修寺に、親鸞の宗教活動を物語る多くの文書が伝わったのである。

◎如来坐像　伊賀市の新大仏寺の所蔵。鎌倉時代前期および江戸時代中期の彫刻。13世紀初頭に快慶の制作した阿弥陀如来の頭部をもとに、享保年間（1716～36年）に京都の仏師祐慶が体部を補った盧舎那仏坐像である。新大仏寺は、もとは鎌倉時代初期に東大寺を復興した重源が創建した伊賀別所だった。復興事業のために重源は西国7か所に別所を建立した。伊賀別所については、知多半島で焼かれた瓦を運搬するため、伊賀街道の整備改修を担ったと考えられている。その後新大仏寺と呼ばれるようになり、荒廃して、1727年に陶瑩が再興に着手した。倒壊した仏像が補修され、1748年には本堂が再建された。盧舎那仏坐像の像高は293cm、頭部の長さは98.5cmである。頭部内部に重源の名前とともに仏師快慶そのほかの名前の墨書があり、創建当時に制作されたことを物語る。仏像が安置されていた珍しい石製須弥壇と石台座も残っている。古記録によると、宋の阿弥陀三尊像の画像をもとに、播磨別所と伊賀別所に阿弥陀三尊像をつくったと記されている。播磨別所とは現在の兵庫県浄土寺のことで、浄土堂の中には快慶作の丈六の阿弥陀三尊像が安置され、中尊は像高530cmの巨大な阿弥陀如来立像である。伊賀別所の仏像も、浄土寺の阿弥陀三尊像と同じ大きさと姿だったと推測されている。新大仏寺には重源の時代の遺品として、板彫五輪塔◎、俊乗上人（重源）坐像◎なども伝わっている。

◎松浦武四郎関係資料

松坂市の松浦武四郎記念館で収蔵・展示。江戸時代後期から明治時代の歴史資料。松浦武四郎（1818～88年）は、若い頃から諸国を旅して歩き、20歳代後半からは蝦夷地を6回にわたって調査を行い、膨大な記録を作成した。明治維新を迎えて開拓使が設置されると、判官という政府高官に就任し、蝦夷地を改名する案を1869年に提出して採用された。この土地で生まれたものを意味するアイヌ語のカイという語句を入れて「北加伊道」とし、北のアイヌ民族が古くから暮らす大地、つまり先住民族としてアイヌの人々を尊重する思いを込めて、松浦武四郎は北海道と名付けたのであった。松浦は、横暴な松前藩に再び支配させないこと、悪徳商人の排除などを訴えたが聞き入れられず、そのため就任してわずか半年で辞職してしまった。以後、趣味の骨董品収集や著述を刊行して余生を送った。遺された大量の資料は松浦武四郎記念館と東京都静嘉堂文庫に収蔵され、松浦武四郎記念館にある1,503点が重要文化財となった。内容は、著述稿本類、地図・絵図類、書籍類、文書・記録類、書画・器物類と多岐にわたり、特に北海道に関する踏査資料、地理誌、アイヌ人物誌は貴重である。

◎庫蔵寺本堂

鳥羽市にある。室町時代後期の寺院。庫蔵寺は、伊勢市東端の朝熊山山頂付近にある金剛證寺の奥院と伝えられている。本堂は1561年に建立され、桁行5間、梁間3間の寄棟造、屋根は柿葺である。仏堂には珍しい側面を出入口とする妻入りで正面に向拝があり、装飾の施された繰形の木鼻と、柱上に二手先の斗栱が組まれている。桟唐戸の両側に連子窓がある。内部は外陣と内陣に分かれる。外陣の天井は格天井で、方形の格間には極彩色の宝相華文や草花、壁上部の内法長押や小壁にも極彩色の文様と飛天の絵が描かれている。素朴な外観にもかかわらず、彩色を凝らした内部である。本堂の奥に1605年に建立された1間社流造の鎮守堂◎がある。

◎旧諸戸家住宅　桑名市にある。大正時代の住居。桑名の実業家2代諸戸清六の旧邸宅で、洋館と和館が併設され、洋館部分はイギリス人建築家ジョサイア・コンドルの設計である。広い庭園は池泉回遊式の日本庭園で、名勝に指定されている。1990年に建物が桑名市に寄贈され、整備工事の後に六華苑という名称で一般公開された。初代清六は政府高官と知遇を得、1877年の西南戦争で軍用米の調達によって成功を収め、東京進出を果たして大地主・山林王となった。初代清六の死後、4男の清吾が2代清六を襲名し、結婚して新居を建てることになって、1911年に設計をコンドルに依頼した。翌年に和館が上棟、翌々年に洋館が竣工した。2代清六をコンドルに仲介したのは、政商三菱の岩崎氏だろうと推測されている。コンドルはお雇い外国人として1876年に来日し、工部大学校造家（建築）学科の教授に就任。1888年に官職を辞して東京に設計事務所を開き、三菱の顧問となって丸ノ内ビル街、横浜居留地の建物などの建設に関与した。また東京都の旧岩崎家住宅◎をはじめ、資産家たちの豪邸も数多く手がけた。旧諸戸家住宅の洋館は装飾の少ない簡潔な構成だが、正面玄関の車寄に隣接する4層の塔屋と、庭園側に突き出た南側のベランダとサンルームが特徴的である。塔屋は当初の設計では3層だったが、揖斐川が見渡せるようにと2代清六の希望に沿って急遽4層に変更されたという。ベランダとサンルームは、コンドルが明るい日差しにこだわったからである。日本資本主義発達の基盤となった裕福な寄生地主の豪邸である。

◎俳聖殿　伊賀市の上野公園にある。昭和時代の文化施設。伊賀上野の城東に生まれ、俳聖といわれた松尾芭蕉（1644～94年）の生誕300年を記念して建てられた。京都府の平安神宮◎や東京都の築地本願寺◎を設計した伊東忠太が設計を指導し、1942年に竣工した。木造2階建で平面八角形の1階の上に、円筒形の2階をのせ、屋根は横にのびた円錐形という独特の形態をしている。芭蕉の旅姿に似せて、丸い屋根は旅笠、1階八角形屋根と吹き放しの外周の庇は蓑と衣、堂は脚部、回廊の柱は杖と足を表現しているとされる。内部に八角形の須弥壇があり、厨子内に等身大の伊賀焼芭蕉坐像が安置されている。

☞そのほかの主な国宝／重要文化財一覧

	時代	種別	名　称	保管・所有
1	古　墳	考古資料	◎宝塚1号墳出土品	松阪市
2	飛鳥～平安時代	考古資料	◎斎宮跡出土品	斎宮歴史博物館
3	奈　良	典　籍	◎大般若経	西来寺
4	平　安	彫　刻	◎木造大日如来坐像	妙福寺
5	平　安	彫　刻	◎木造聖観音立像	弥勒寺
6	平　安	典　籍	◉玉篇巻第廿二	神宮
7	平　安	考古資料	◉朝熊山経ヶ峯経塚出土品	金剛証寺
8	鎌　倉	絵　画	◎紙本著色伊勢新名所歌絵合	神宮
9	南北朝	古文書	◎紙本墨書光明寺残篇	光明寺
10	室　町	古文書	◎紙本墨書勧進状（三条西実隆筆）	大福田寺
11	江　戸	絵　画	◎旧永島家襖絵（曽我蕭白筆）	三重県立美術館
12	江　戸	典　籍	◎更級紀行（芭蕉自筆稿本）	伊賀市
13	江　戸	典　籍	◎本居宣長稿本類並関係資料	本居宣長記念館
14	江　戸	歴史資料	◎渋川春海天文関係資料	神宮徴古館・農業館
15	江　戸	歴史資料	◎集古十種板木	鎮国守国神社
16	鎌倉後期	石　塔	◎国津神社十三重塔	国津神社
17	室町前期	寺　院	◎観菩提寺本堂	観菩提寺
18	桃　山	神　社	◎高倉神社	高倉神社
19	江戸前期	住　宅	◎神宮祭主職舎本館（旧慶光院客殿）	神宮
20	江戸前期～中期	寺　院	◎地蔵院	地蔵院
21	江戸中期～末期	寺　院	◎専修寺	専修寺
22	江戸中期～後期	民　家	◎町井家住宅（伊賀市上野丸之内）	―
23	江戸末期	住　宅	◎旧松坂御城番長屋	苗秀社
24	明治～昭和	住　居	◎旧賓日館	伊勢市
25	明　治	土　木	◎四日市市旧港港湾施設	四日市市

城郭

津城隅櫓

地域の特色

三重県は伊勢・伊賀・志摩の3か国からなる。この地には伊勢神宮・東大寺領・熊野三山の荘園も多く存在。これらを背景に伊勢平氏が発生、平清盛を生んだのである。

南北朝争乱期には国司北畠親房が田丸城や一之瀬城を構築して南朝の一大拠点とし、国人層での愛洲氏は五箇所城、加藤氏は岩手城、塩田氏は神山城、千種氏は禅林城と千種城を築き、これに応じた。南朝軍は田丸城の後、霧山城を築き本拠とした。北畠氏は南伊勢から志摩に強大な支配圏を有し、霧山城と多気館を中心に領国を形成、阿坂城・富永城・大河内城を築いた。中勢には長野氏が長野城、北勢には伊勢平氏の関氏が亀山城・神戸城・峯城にあり、千種氏ら北勢四十八家も割拠していた。伊賀国には滝野氏の柏原城、安保氏の名張城が存在した。実に険峻な山城が多い。南北朝争乱期はまさに山城乱立の時代であり、山が近く東西の要衝たるこの地は山城が築かれる場だった。とりわけ伊勢・伊賀の両国に散在する山城のうち200余りが南北朝争乱期の山城だった。

戦国期に入ると、弓・刀の合戦から、2間半から3間（5〜6m）の長柄鎗が合戦、城の攻防戦の主流となり、火縄銃も広まる。織田信長はまず伊勢攻略を行い、主要な城と伊勢の名族の跡目相続に子供たちを据えた。織田信孝は神戸城に、信良（信包）は津城に入り、信孝には関氏一門の神戸氏を、信雄に北畠氏の名跡を相続させたのだ。信長は伊勢ばかりでなく尾張でも織田一族を在地武士の跡目や正室に嫁がせている。さらに伊勢には丸山城を築き、在地勢力の動向を見張らせた。

秀吉の代になると筒井氏が上野城に、蒲生氏郷が松坂城に入り、志摩の波切城には九鬼氏が入り、本格的な平山城に改築する。江戸時代になると藤堂高虎により伊賀上野城が築かれ、さらに津城が大改修され、西国外様大名への監視・警戒がなされた。伊賀上野城の本丸西側の高石垣、津城の舟入、船溜りが注目される。近世を通して桑名・長嶋・亀山・神戸・津・鳥羽に大名が配置、松坂・伊賀上野・田丸が一国一城の例外として存在した。

主な城

赤木城（あかぎ）
所在 熊野市紀和町赤木　遺構 石垣、堀、井戸　史跡 国指定史跡

秀吉の弟、秀長が紀伊を領有し、天正17（1589）年に築いた。城主は吉川平蔵、同三蔵から羽田長門守、藤堂佐渡守、堀内安房守と替わった。関ヶ原の戦い後、城を領する新宮城主は浅野忠吉であったが、慶長19（1614）年吉野、熊野の農民らは大坂方と気脈を通じ、忠吉が大坂の陣に出陣した留守を狙って蜂起、約3千が新宮に進撃した。この一揆は浅野勢に破られ、363人が処刑されるという処置がとられている。翌元和元（1615）年、一揆の残党を狩るべく命をうけた藤堂高虎は、赤木城の修築をなし、工事が終わるとこの地方一帯の知名人を城に招待した。そして一網打尽にして、城の西北、田平子（たびらこ）峠の刑場で獄門にかけた。城は本丸、二の丸、三の丸からなり、紀南で石垣を残す唯一の城である。

伊賀上野城（いがうえの）
別名 白鳳城　所在 伊賀市上野丸之内　遺構 石垣、復興天守　史跡 国指定史跡

天正9（1581）年信長の子信雄は伊賀に兵を進めた。平定された伊賀は信雄に与えられ、家臣滝川雄利に伊賀の守護を命じ、雄利はその昔、平清盛が発願したと伝わる平楽寺址に築城。これが城の始まりとなる。本能寺の変後、天下を把握した秀吉は天正12（1584）年、脇坂安治を守護とした。安治は長田郷市場に館を構えたが、翌年、摂津に移封され、大和郡山城主筒井定次が入城した。羽柴の姓を許され、羽柴伊賀守と称している。定次は雄利の城址を修築拡張、本丸、二の丸、三の丸を配し、本丸に三層の天守を創築、近世的な城とした。慶長5（1600）年、定次は徳川家康に従って会津征伐に赴き、兄筒井玄蕃允が留守を預かった。この留守に石田三成の西軍についた新庄直頼が政略し、急を聞いた定次は軍を帰して城を奪還している。

同13（1608）年、定次は失政の多いことを理由として改易され、家康の信任厚い藤堂高虎に与えられた。伊勢津城と伊賀上野の2城を手中にした高虎は、同16（1611）年、高虎自ら縄張りして両城の大修築を行った。特

に上野城は大坂への備えとして西面の防御に重点が置かれた。城の高石垣がこの一端を物語っている。五層の天守は分担工事として、工を競わすなどの工夫をこらしたが、落成間近い同17(1612)年9月、大暴風のために倒壊した。倒壊した天守の再建は、城そのものが大坂への基地であると同時に、これ以上の農民使役は困難と思われ、大坂方への油断を与えるためにも再建されなかったという。

元和元(1615)年一国一城令に、上野城は伊賀の城として認められ、津に本城を置く藤堂氏の支城として、代々城代が置かれた。

大河内城（おかわちじょう）

所在 松阪市大河内町城山　遺構 土塁、堀、堀切

南北朝期の南朝方伊勢国司3代、北畠満雅が天険を利用し、自らの縄張りで築いたという。永禄年間(1558～70)に8代具教が修築して、信長の侵攻に備えた。一時は信長勢の攻撃にも落ちず、その名をとどろかしている。

永禄12(1569)年8月、信長は大河内城の東北2kmの桂瀬山を本陣とし、城の四方に大軍を配し、攻めかけた。一進一退のうちに10月に入り、信長は和議を申し入れた。信長二男の信雄を北畠の養子とする条件であった。

元亀2(1571)年信雄は北畠氏を継いで北畠具豊となり、大河内城を本城としたが、天正3(1575)年田丸城に移り、翌4(1576)年、北畠氏一族を暗殺し、ここに北畠氏は事実上滅亡した。

亀山城（かめやまじょう）

別名 粉蝶城、丹陵城　所在 亀山市御幸町　遺構 櫓、石垣、堀、土塁

亀山の地は天武天皇の壬申の乱以来、東海道の鈴鹿峠を控える軍事交通の要地である。文永元(1264)年関(平)実忠が築いた。以来300余年、関氏はここを本城として威を張る。

永禄10(1567)年信長が北勢に兵を向けると、まず神戸氏が降り、翌11(1568)年には城主関盛信も抗しきれず信長の軍門に降った。一時、盛信は蒲生賢秀に預けられたが、信長が本能寺の変に倒れると、亀山城に復帰した。盛信は、比叡山の僧侶となっていた長男一政を還俗させ、後継者とした。天正18(1590)年、一政は秀吉の小田原攻めに加わり、平定後、蒲生氏郷が会津に移封されると、一政も白河に移った。替わって岡本下野守良勝が6万3千石で入城、この良勝によって新しい亀山城が築かれる。城は本丸を中心に東に二の丸、西に二の丸、さらに東に東三の丸、南に南三の丸が

あり、三層の天守も建てられた。良勝は関ヶ原で西軍に味方して桑名で自刃、替わって三宅康貞が守り、慶長9(1604)年関一政が復帰した。その後、三宅氏が戻って三宅康盛の寛永9(1632)年、修築願いの手違いから天守は破却された。同13(1636)年、本多俊次が入城、以後、石川、板倉、松平各氏が交替・復帰もありつつ城主となった。

神戸城(かんべ)

別名 本多城 所在 鈴鹿市神戸本多町 遺構 天守台、石垣、堀、櫓(移築)、門(移築)

亀山城の関氏一族である神戸氏の4代具盛が、天文年間(1532～55)頃に築いた城とされている。北に高岡、東の伊勢湾に近い岸岡の2城を支城として北勢に勢力を有していた。神戸友盛の永禄10(1567)年、濃尾を平定した信長は兵を進め、前衛たる高岡城を囲んだ。守将山路弾正はよく防ぎ、信長も一度は兵を引いた。翌11(1568)年、信長再度の来攻に、高岡城を包囲しつつ、神戸城に使者を出した。信長二男の三七信孝を友盛の娘婿として神戸城に入れることを条件とする和議であった。神戸城でも一戦交えようとして城を固めていたが、この条件を入れた。元亀2(1571)年友盛の養子として神戸城に入った信孝は、舅の友盛をむりやり隠居させ、近江日野城主蒲生氏郷に預けた。

領内から旧神戸勢力を除いた信孝は、天正8(1580)年大修築を起こす。五層の天守以下、諸櫓も完成させる。同10(1582)年、本能寺で信長が倒れた後、信孝は秀吉と対立して、同年尾張野間で自刃した。このときから、慶長元(1596)年まで城主の変遷はめまぐるしく、天領時代もあり、この間に天守は桑名城に移されたという。

慶長6(1601)年、一柳直盛が5万石で入城。享保17(1732)年、本多忠統が入城して大修築を行い、幕府から2千両を借用、一度は城の形態を失った神戸城も面目を一新した。本多氏は近江膳所領主の分家で1万5千石の小藩でありながら、幕閣につらなり、明治まで代々続いた。

桑名城(くわな)

別名 旭城、扇城 所在 桑名市吉之丸 遺構 石垣、堀、濠

戦国期には小城があったという。関ヶ原の戦いの翌年、慶長6(1601)年徳川家康は本多忠勝を桑名10万石に封じた。忠勝は揖斐川が伊勢湾に注ぐ河口近くに大規模な築城を開始、これが桑名城である。工事は十数年もかかり、天守以下、50櫓、46多聞櫓が建ち並ぶ名城が完成した。近江彦

根の井伊直政らは家臣を動員して応援したともいう。また、町割を改めて、雑然としていた渡船場を城下町に仕上げ、七里の渡しの工事も完成した。

元和3（1617）年忠勝の子忠政は姫路15万石に移封、替わって家康の異父弟にあたる松平隠岐守定勝が入城する。定勝は城を拡張し、搦手（東北）の水辺に16kmにわたる石垣を築いた。今に残る揖斐川の石垣である。定勝の長男は遠江守定行（吉）、二男は河内守定文、三男を越中守定綱といった。定勝の後を定行が継ぎ、寛永12（1635）年伊予松山に移封、その後に大垣城主となっていた定綱が11万石で帰城、定良、定重と続いたが、宝永7（1710）年桑名騒動に定重は越後高田に移封された。この間の元禄14（1701）年、城下の豆腐屋から出火、飛火により天守は焼失、再建されなかった。

定重の後、松平下総守忠雅から七代続いた。文政6（1823）年、先に高田から白河に移封を重ねた松平氏は定永になって桑名に戻った。定永以後11万石を相継いで幕末を迎えた。

多気城（たげ）　別名 霧山城　所在 津市美杉町　遺構 土塁、庭園

延元3（1338）年伊勢国司となった北畠親房の子顕能が築いた。いわゆる詰の城で、館は城の東南2kmにあり、館には今も南北朝時代の庭園が残っている。顕能は正平7（1352）年、後村上天皇より右大将に任ぜられ、さらに従一位右大臣となった。永享12（1440）年3代満雅が没して長男顕雅は大河内城に転出、弟教具が4代を継いで居城。この頃、将軍義視が応仁の乱の戦火を避けて多気城に身を寄せた。永禄12（1569）年信長軍を迎えるにあたり、8代具教は大河内城に拠り、多気城には一族の老幼、女房を置き、守兵を配したが、堀尾茂介らに焼き打ちされた。具教、信意父子の妻女は捕らえられ、大河内城に伴われて和睦となった。

田丸城（たまる）　別名 田丸御所　所在 度会郡玉城町田丸　遺構 石垣、堀、門（現存）

応永年間（1394～1428）国司北畠氏に属し、愛洲弾正少弼忠行が居城とした。忠行は北畠政郷の四男政勝を養子とし、田丸城を譲ったため、国司の一族として権勢はあがり、世人は田丸御所と称した。

天正3（1575）年信長の二男信雄が北畠の養子となったとき、田丸城を北畠の本城とした。同12（1584）年、蒲生氏郷がこの地に移封されると、先

の城主北畠忠顕と縁続きで、忠顕は氏郷に属していたので、忠顕は田丸城主に復帰した。後に氏郷の会津移封に忠顕も従っている。

慶長5(1600)年稲葉蔵人道通は4万5千石で入城、紀通に継がれた。元和2(1616)年藤堂高虎が領し、同8(1603)年、徳川頼宣の和歌山入城後、大和の領地と交換、徳川の家老久野氏1万石が城代として続いた。

津城（つ） 別名 安濃津城 所在 津市丸之内 遺構 石垣、濠、復興櫓

永禄年間(1558〜70)に長野氏の一族、細野壱岐守藤光が安濃、岩田両川の三角州を利用して小規模ながらも築城したのが津城の起源とされる。

永禄11(1568)年、信長は伊勢に攻め入り、津城を攻略し、織田掃部介が入城。翌年、信長の弟信包（のぶかね）の居城とした。信包は本丸、二の丸、三の丸を整備し、石垣を築いて堀を掘り、外堀を廻（めぐ）らし、天正5(1577)年には五層の天守と小天守を完成させた。信包は、津の侍従と呼ばれた人である。

文禄4(1595)年富田左近大夫知信が入城、その子信濃守信高に継がれた。所領は5万5千石といわれる。富田氏は秀吉の家臣であったが、慶長5(1600)年関ヶ原の戦いには東軍に味方した。これを事前に知った石田三成は大坂から討手として毛利秀元、長宗我部元親の3万余をさし向けた。同年8月23日のことである。信高の城兵は1300、勝負は見えていた。24日には城内各所から火の手があがり、本丸も危うくなったが、高野山木食上人の調停で開城となる。東軍勝利の後、2万石の加増をもって津城主に返り咲いた。

慶長13(1608)年信高は伊予宇和島へ移封、替わって伊予今治城から藤堂高虎が伊勢・伊賀22万石の大守として入城した。高虎は修築に着手、城地をさらに拡大し、本丸、東西両丸、内堀、外堀などを整備し、旧規模を一新し、櫓、多聞を整え、北に京口、西に伊賀口、南に中島口の3門を構え、外堀の北、西には7つの木戸に周囲を固めて、武家屋敷を設けた。

元和元(1615)年高虎は大坂の陣の軍功により伊勢鈴鹿郡など5万石、次いで同3(1617)年、田丸城5万石を加増され、32万3950石の大名となり、津城は藤堂氏が代々継ぎ、明治まで11代が続いた(田丸城は後に紀州徳川氏と交換)。

鳥羽城（とば） 別名 錦城 所在 鳥羽市鳥羽 遺構 石垣

鳥羽は答志郡泊浦（とうし とまり）として伊勢神宮の神領であった。室町時代、鳥羽城主大井監物忠通が近隣の諸豪族を支配し、泊殿と呼ばれ大いに威を振るっていた。永禄元（1558）年浪切城主九鬼嘉隆は、妻の実家である鳥羽城に夜襲をかけ、城を奪った。この鳥羽城は岩崎山にあった旧城で、嘉隆は伊勢湾に臨む海城としての鳥羽城を築く。嘉隆の子長門守守隆は秀吉に従って鳥羽3万石を領し、関ヶ原の戦いに、父嘉隆は西軍に、子の守隆は東軍に属した。このため、父は切腹、子は加増されて5万5千石となっている。守隆の嫡子良隆は病弱のため、叔父久隆が代わったが、このとき御家騒動が起き、摂津三田に移封された。その後、城主は内藤、土井、松平、板倉、稲垣氏を経て明治に至った。

長島城（ながしま） 別名 松箇島城 所在 桑名市長島町 遺構 門（移築）、奥書院（移築）

文明14（1482）年、北勢四十八家の一つ伊東四郎重晴が、安濃郡長野工藤氏の一翼として築城、付近の押付、殿名、竹橋の3か所にも砦を構えた。また、この地は蓮如の子蓮淳による長島願証寺の地であった。

元亀元（1570）年、石山本願寺と呼応する長島一揆は滝川一益を桑名から追い出し、信長の弟信興を小木江城で自刃させ、翌年、長島城を奪い、伊東氏を滅ぼした。

長島一揆に対する信長は3度征伐を行い、三度目の天正元（1573）年に長島を包囲した。6月13日から9月29日まで続いた攻撃に落城、宗徒2万人が殺されたという。

同4（1576）年、長島城は北勢5郡とともに滝川一益に与えられたが、同11（1583）年に柴田勝家と対戦した秀吉に没収され、織田信雄が領有した。次いで同18（1590）年、秀吉の甥秀次に与えられた。文禄元（1592）年以降、2万石程度の城主が交替して明治まで続いた。

名張城（なばり） 別名 名張陣屋 所在 名張市丸の内 遺構 殿館、太鼓門（移建）

天正13（1585）年、伊賀に移封された筒井定次が家臣松倉勝重に名張8千石を与え、勝重の子の重政（後の島原城主）の縄張で築いた。慶長13（1608）年藤堂高虎が伊勢、伊賀を領すると家臣梅原勝右衛門武政を城代として置くが、元和3（1617）年武政を罷免して上野城代藤堂出雲守高清の直接支配となった。寛永12（1635）年高虎の養子で、今治城主藤堂宮内少輔高吉2万石が伊勢に替地され、さらにそのうち5千石が名張に替地となり、翌13（1636）年、名張に移った。高吉は丹羽長秀の二男で、秀吉が弟秀長の養子とし、秀長の家臣であった高虎は子がなく、高吉を養子に迎えている。名張藤堂氏は大名でなく、津藤堂藩の藩内領主として、家臣とは格別に扱われ、俗に名張の殿様、名張藩と呼ばれた。

松阪城（まつさか） 所在 松阪市殿町 遺構 石垣、井戸

天正12（1584）年、近江日野6万石から伊勢12万3千石に転じた蒲生氏郷は松ヶ島城に入った。

松ヶ島に入った氏郷は、この地が将来性に乏しく、居城としてふさわしくないので、天正16（1588）年、四五百森（よいほのもり）に築城した。これが松阪城である。築城は急速に行われ、領内の寺社を取り壊し、その資材を転用したと伝える。城は四五百森の北峰に本丸、その南方に二の丸を設け、石垣で廻らせた。山麓、城外の北東から南方には土塁、水堀を廻らして武家屋敷とし、その外側に町屋があった。城の東、西両面は丘陵の急崖で、さらに坂内川を自然の要害とし、東西両面の町の外縁に寺院を配置、総構をもって城下町防御の万全を期した。

天正18（1590）年、氏郷は小田原攻めの軍功によって会津60万石に移封。替わって服部一忠、次いで古田重勝が封ぜられたが、元和5（1619）年幕府は家康の八男頼宣を和歌山城に入れると、南伊勢17万9千石は紀州藩領となり、松阪城にはその城代が入った。また、城内の建物は一国一城令により取り除かれ、紀州藩は二の丸に館を設けていた。

なお、裏門外には搦手門に続く石畳の道の両側に20軒の松阪御城番の武士が住んだ組屋敷が現存している。

戦国大名

三重県の戦国史

室町時代、三重県の大部分を占める伊勢国では南部を国司の北畠氏が支配、北部は多くの国衆層の上に安濃郡の長野氏が立っていた。また伊賀国では多数の地侍が割拠し、「伊賀惣国一揆掟」を結んで他国からの侵攻に備えていた。

明応年間になると、北畠氏が政郷（逸方）と具方（材親）の父子間の内訌が、一族の木造氏や長野氏までを巻き込んで騒乱となり、長野氏を味方につけた具方側が勝利して戦国大名へと脱皮した。しかし、これを機に長野氏も桑名に進出、やがて北伊勢をめぐって北畠氏と長野氏が抗争した。天文年間になると近江の六角氏が伊勢に侵入、員弁郡や三重郡の国衆層は六角氏の被官となった。

永禄10年（1567）織田信長が伊勢に侵攻、短期間で北伊勢を支配下においた。そして翌年再び伊勢に兵を送ると、鈴鹿郡の神戸氏に三男の三七（信孝）、長野氏は弟信良（信包）を養子として送り込んでいる。同12年木造氏を味方に取り込んだ信長は北畠具教の大河内城を攻め、二男信雄を北畠氏の養子とすることで和睦した。信雄は天正3年（1575）北畠氏の家督を継ぐと、翌年には具教と重臣を粛清、北畠氏は事実上滅亡し、伊勢は織田氏の版図に入った。

一方、伊賀国は近江・伊勢・大和が織田方になったのちも、天正7年（1579）の織田信雄の伊賀入りを撃退するなど、独立状態を保っていた。しかし、同9年甲賀・信楽・加太・大和の各所から一斉に侵攻を受けて地侍層が滅亡、惣国支配に終わりを告げた（天正伊賀の乱）。

なお、志摩国では戦国末期に九鬼嘉隆が登場して志摩一国を支配。のち信長に仕えて水軍を率い、鳥羽水軍として知られた。

主な戦国大名・国衆

愛洲氏（あいず） 伊勢国の国衆。紀伊愛洲氏の一族。延元4年（1339）宗実が御醍醐天皇から伊勢国朝明郡萱生御厨（四日市市）の地頭に補せられた。初めは宗良親王を奉じて一之瀬城（度会郡度会町）に拠るが、のち北畠氏の重臣となって応永年間（1394〜1428）に忠行は田丸城（度会郡玉城町）に移った。宝徳年間（1449〜52）にはさらに五ヶ所城（南伊勢町）に移り、天正4年（1576）重明のときに織田信雄に敗れて落城した。

赤堀氏（あかほり） 伊勢国三重郡の国衆。藤原姓で上野赤堀氏の庶流という。応永3年（1396）には赤堀直綱が石榑御厨の代官職を請け負っていることから、南北朝時代には北伊勢に一定の勢力を有していたとみられる。正長元年（1428）北畠満雅が小倉宮を奉じて挙兵した際には、鈴鹿郡の関氏とともに北畠方に加わった。戦国時代は赤堀城（四日市市赤堀町）に拠り、北畠氏に属した。庶流に、浜田氏、羽津氏などがある。江戸時代は尾張藩士となった。

浅里氏（あさり） 紀伊国牟婁郡の国衆。応永年間（1394〜1428）に浅里山城守が浅里城（南牟婁郡紀宝町浅里）を築城したといい、戦国時代には浅里左馬之助が居城していた。天正8年（1580）堀内氏に敗れて落城した。

有馬氏（ありま） 紀伊国牟婁郡有馬（熊野市有馬）の国衆。平安時代に熊野別当の一族で産田神社神官をつとめていた榎本氏の一族が、有馬に移って有馬氏を称したのが祖という。鎌倉時代に有馬本城を築城。応永年間（1394〜1428）には有馬和泉守忠永は阿田和（南牟婁郡御浜町）から行野（尾鷲市）に及ぶ地域を支配し、新たに二ツ石城を築城した。子和泉守忠親は大永年間（1521〜28）の内訌で敗れて死去、さらに忠親の子の孫三郎も嗣子のないまま没したため、新宮の堀内氏善に有馬城を奪われて滅亡した。

家所氏（いえどこ） 伊勢国安濃郡の国衆。長野播磨守藤房の子祐歳が安濃郡家所御厨（津市美里町家所）に住んで家所氏を称したのが祖。南北朝時代に家所城を築城、以後8代にわたって家所に拠り、長野氏に属した。織田信長の伊勢侵攻の際に信長に仕えた。

雲林院氏（うじい）　伊勢国安芸郡雲林院（津市）の国衆。藤原南家工藤氏の庶流で伊勢長野氏の一族。延応元年（1239）長野祐藤の四男祐高（祐尊）が雲林院氏を称した。『系図纂要』には「長野祐藤の四男、元弘中雲林院築城」とあり、以後天正8年（1580）まで11代を数えるというが、歴代は不詳。同年織田信長の家臣となったという。

梅戸氏（うめど）　伊勢国員弁郡の国衆。古くは「梅津」と書かれることもあり、「うめづ」と読んだとみられる。梅戸城（いなべ市大安町）を築城して本拠とした他、一族を田光城（菰野町田光）や大井田城（いなべ市大安町大井田）に配した。天文年間（1532～55）に六角定頼の弟高実が養子となって、以後六角氏の庶流となった。元亀3年（1572）の織田信長の北伊勢侵攻で没落した。

大内山氏（おおうちやま）　伊勢国度会郡の国衆。平家盛の末裔という。大内山城（度会郡大紀町大内山）に拠る。北畠氏に従った。永禄12年（1569）の織田信長の伊勢侵攻の際には、大河内山城（松阪市）に籠城している。天正4年（1576）大内山但馬守は国司北畠氏とともに滅亡した。

大木氏（おおき）　伊勢国員弁郡の国衆。永禄年間（1558～70）の大木城（員弁郡東員町大木）城主に大木安芸守（駿河守とも）の名がみえる。北勢四十八家の一つ。天文年間（1532～55）には六角氏に従い、のち安芸守は織田信長に降っている。その後は、織田信雄の家臣に大木氏の名がみえる。熊本藩重臣の大木家は末裔。

大河内氏（おかわち）　伊勢北畠氏の庶流。北畠満雅の弟顕雅は、満雅の死後一時家督を代行し、永享2年（1430）に満雅の遺児教具に家督を譲ったのちに大河内氏を称したのが祖。大河内城（松阪市）に拠った。以後、国司北畠氏の子弟が大河内氏を継いだ。天正4年（1576）具良のとき北畠を継いでいた織田信長の二男信雄によって討たれ、滅亡した。

鹿伏菟氏（かぶと） 伊勢国鈴鹿郡の国衆。平姓関氏の庶流。関盛政が鹿伏菟城（鈴鹿郡関町加太）に拠って鹿伏菟氏を称したのが祖。元亀元年（1570）の姉川合戦の際、定秀は浅井長政に属している。定義のときに滅亡した。のち一族の政忠は浅野氏に仕えて甲氏と改称、江戸時代は広島藩士となった。

神戸氏（かんべ） 伊勢の戦国大名。桓武平氏関氏の一族。関実治の子盛澄が伊勢国河曲郡神戸郷（鈴鹿市）に住んで神戸氏を称したのが祖で、沢城（神戸城、鈴鹿市）に拠った。3代為盛の跡は、北畠材親の二男具盛が4代目を継いだ。永禄11年（1568）、7代目の具盛のときに織田信長が北伊勢に侵攻、信長の三男信孝を養子とすることで降伏し、自らは隠居した。しかし、元亀2年（1571）具盛は信長によって近江日野城に幽閉され、その死で滅亡した。

北畠氏（きたばたけ） 伊勢の戦国大名。村上源氏。中院雅家が洛北の北畠に住んで北畠氏を称したのが祖。師親は亀山天皇、師重は後宇多天皇と代々大覚寺党の天皇に仕える中級の公卿だった。師重の子親房は後醍醐天皇に抜擢されて側近となり建武新政に活躍。元弘3年（1333）16歳の長男顕家が陸奥守となり、義良親王を奉じて多賀国府に下向、以後北畠氏は武家に転じ、顕家は結城宗広の補佐で奥州を支配した。建武2年（1335）叛旗を翻した足利尊氏追討のために上洛、尊氏を九州に追い落とすと鎮守府将軍となって再び奥州に下向した。延元2年（1337）再起した尊氏追討のために再び上洛したが、翌年和泉国安倍野で討死した。この間に伊勢国司となっていた親房は二男顕信とともに東国に渡り、常陸国小田城を本拠として東国の南朝方の中心となった。親房が『神皇正統記（じんのうしょうとうき）』を書いたのも小田城である。しかし、興国2年・暦応4年（1341）小田城は落城、逃れた関城も同4年に落城した。実質的に伊勢国司をつとめていた親房の三男顕能は、多気城（多気郡多気町）に拠って伊勢国司を世襲。南北朝合一後は伊勢国司のまま室町幕府から伊勢半国守護を認められ、大河内氏、木造氏、田丸氏、坂内氏、星合氏、岩内氏、藤方氏、波瀬氏などの庶子家を輩出しながら、戦国大名へと脱皮した。永禄12年（1569）具教のとき織田信長が伊勢に侵攻、一族の木造氏が信長に内通したことから、信長の子茶筅丸（のちの信雄）を養子とすることで降伏した。元亀元年（1570）茶筅丸は具教の五女と結婚して北畠氏を相続して事実上北畠氏は滅亡。さらに天正4年（1576）には具教以下一族が信長に殺されて、名実ともに滅亡した。

九鬼氏（くき） 志摩の戦国大名。名字の地は紀伊国牟婁郡九鬼（尾鷲市九鬼町）で、出自は藤原氏、源氏など諸説あるが、熊野別当氏の一族か。南北朝期以降から史上に登場するが、室町時代を通じてその活動ははっきりしない。名字も「久喜」「九喜」などとも書かれる。室町時代後期には、泊浦を拠点として答志島を支配し、志摩海賊衆の一員だった。九鬼氏が水軍として歴史に登場するのは戦国時代後期の嘉隆からである。天正2年（1574）織田信長が伊勢の一向一揆を攻めた際、水軍を率いて海上を封鎖したのが志摩の海賊衆で、これを率いていたのが九鬼嘉隆であった。嘉隆の前半生ははっきりしないが、九鬼氏庶流に生まれ、周辺の小土豪を抑えて頭角を現したが、北畠氏に敗れて三河に逃れて織田信長に仕えたという。同6年の信長の石山本願寺攻めでは鉄船を建造して毛利水軍を破り、一躍その名が知られた。信長の死後は豊臣秀吉に仕えて各地を転戦、志摩鳥羽で3万石を領した。

楠 氏（くすのき） 伊勢国三重郡の国衆。応安2年（1369）諏訪十郎貞信が伊勢国三重郡に移り住んで北畠氏に仕え、楠城（四日市市楠町）を築城して拠ったのが祖というが、楠木正成の子諏訪十郎正信が祖という説もある。南北朝時代は南朝に属し、室町時代には北畠氏のもとで川俣氏を称していたという。応仁の乱後、正充が楠城主に復帰して楠氏を名乗り、子正忠は神戸氏に属した。永禄10年（1567）の織田信長の伊勢侵攻では正具が抵抗したのち、落城して本願寺に逃れた。その後、女婿の正盛が楠氏を継ぎ、織田信雄に仕えた。天正12年（1584）小牧・長久手の合戦で正盛が豊臣秀吉に討たれて滅亡した。

国府氏（こう） 伊勢国鈴鹿郡の国衆。亀山城主関氏の庶流で、関盛政の二男佐渡守盛門が国府城（鈴鹿市）を築城して拠ったのが祖。永禄11年（1568）神戸氏が織田信長に降った際には従っている。以後は織田信孝に属した。天正12年（1584）盛種は織田信雄に属して国府城に籠城して豊臣秀吉と戦ったが敗れ、その後美濃加賀野井城に入って討死、滅亡した。

越賀氏（こしか）　志摩国志摩郡の国衆。もとは佐治氏という。永禄年間（1558～70）に越賀城（志摩市志摩町越賀）を築城し、玄蕃允隆俊・隆政・隆春と3代にわたって拠った。当初は九鬼氏と対抗していたが、のちに降って家臣となり、やがて九鬼嘉隆の家老をつとめ。九鬼氏のお家騒動では、兄隼人（熊太郎）が隆季、弟六兵衛（隆次）は久隆を支持、隼人は綾部藩士、隆次は三田藩士となった。

木造氏（こづくり）　伊勢北畠氏の庶流。北畠顕能の長男顕俊は、弟顕泰が北畠氏を継いだことから一志郡木造（津市）に住んで独立し、木造氏を称した。南北朝時代には北朝に属して北畠氏と対立、持康・教親・政宗は足利将軍家から一字を拝領している。室町時代には公卿としての活動もあり、戦国時代には一志郡の国人として活動した。明応年間には北畠氏と対立し、北畠材親に攻められて文亀3年（1503）に木造城が落城、戸木城（津市）に転じた。天文年間、北畠氏から具政を養子に迎えて木造城に復帰。具政は北畠氏を継いだ織田信長の二男信雄に娘を嫁がせ、北畠家中での地位を固めた。小牧・長久手合戦では長正は戸木城に拠ったが、織田信雄が和解したため戸木城も開城、没落した。

関氏（せき）　伊勢国鈴鹿郡の国衆。桓武平氏を称す。鎌倉時代は北条氏に属し、室町時代は亀山城（亀山市）に拠り、加太氏・峯氏など庶流を分出させて鈴鹿郡を実質的に支配した。盛貞は室町幕府の奉公衆となり、足利義尚・義材の南近江出陣にも出兵している。戦国時代、盛信は六角氏に従って蒲生氏と縁戚関係を結んでいる。天正11年（1583）豊臣秀吉に仕え、子一政は蒲生氏郷に従って氏郷が会津に転じると、陸奥白川で5万石を領している。

高河原氏（たかがわら）　紀伊国牟婁郡の国衆。「高川原」とも書く。忌部姓という。代々同国牟婁郡塩崎荘のうち古座谷を領し、現在の青原寺（和歌山県東牟婁郡串本町古座）にあった城砦に拠っていた。戦国時代、貞盛は伊勢北畠氏に従っていたが、天正4年（1576）北畠氏が織田信長によって滅ぼされ、以後は信長に従った。同13年家盛は豊臣秀長に従って所領を安堵されている。関ヶ原合戦では西軍に属して浪人、のち浅野氏に仕えて江戸時代は広島藩士となった。

種村氏（たねむら） 伊勢国員弁郡の国衆。近江の六角氏の庶流とみられる。天文年間に種村高盛が金井城（いなべ市員弁町）を築城した。永禄11年（1568）織田信長に従う。その後は滝川一益に属していたが、天正4年（1576）秀信が一益に疑われて自刃させられた。

田丸氏（たまる） 伊勢北畠氏の庶流。村上源氏。北畠材親の三男具忠が伊勢国田丸（度会郡玉城町）に住んで田丸氏を称したのが祖とされるが、はっきりしない部分が多い。戦国時代は田丸城に拠り、北畠氏が織田信長の二男信雄を養子に迎えると具忠も織田信雄に従った。その後、内訌があったらしく、田丸氏の家督は具忠から直昌（直息）に転じている。天正12年（1584）の小牧・長久手合戦の際、直昌は織田信雄のもとを離れて豊臣秀吉方について所領を安堵され、義兄蒲生氏郷の与力となった。のち、美濃岩村で4万石を領した。関ヶ原合戦で西軍に属して所領を没収された。

千種氏（ちくさ） 伊勢国三重郡の国衆。公家六条有忠の二男忠顕は一家を興して千種氏を称し、後醍醐天皇の股肱（ここう）の臣（しん）として活躍した。その子顕経も南朝に仕え、顕経ののちは中院光興の子雅光が継ぎ、子孫は伊勢国三重郡に土着して伊勢千種氏となったとされるが、異説もある。のち千種城（三重郡菰野町）を築城、北伊勢の国人として活躍した。戦国時代に内訌のために没落し、滝川一益に討たれて一旦滅亡。その後、忠治が織田信雄に仕え千種城を回復したものの、信雄の追放で再び浪人。天正18年（1590）忠房のときに豊臣秀吉に仕える。元和元年（1615）大坂夏の陣で顕理が戦死し、断絶した。

長野氏（ながの） 伊勢の戦国大名。藤原南家工藤氏の一族。建武3年（1336）工藤祐政が伊勢国安濃郡長野（津市美里町）の地頭となって長野氏を称したのが祖という。室町時代には安濃郡や奄芸郡各地に次々と一族を分出、伊勢の戦国大名となった。応仁の乱では東軍に属して上洛する一方、伊勢では西軍にも応じている。戦国時代、藤定は北畠具教と戦ったのちに講和、その二男具藤を養子に迎えた。永禄11年（1568）の織田信長の伊勢侵攻の際に、信長の弟の信包を養子に迎えて家名の存続を謀ったが、天正4年(1576)に織田信雄によって具藤が殺されて滅亡した。

福地氏(ふくち) 伊賀国の国衆。桓武平氏で、平頼盛の家人平宗清の末裔と伝える。室町時代には伊賀国柘植の国衆として活動した。天正9年(1581)の織田信長の伊賀攻めでは信長の案内役をつとめている。翌年の本能寺の変では徳川家康の伊賀越えに協力したが、伊賀国内の反織田勢力によって追放された。

星合氏(ほしあい) 伊勢国一志郡の国衆。村上源氏。北畠政郷の子親泰が星合城(松阪市星合)に拠って星合氏を称したのが祖。以後代々星合城に拠り、戦国時代具泰は織田秀雄の家老をつとめた。関ヶ原合戦では織田秀雄の軍を率いて東軍に参加した。末裔は旗本となる。

細野氏(ほその) 伊勢国安芸郡の国衆。名字の地は同郡細野(三重県津市美里町)。長野植藤の弟から細野氏を継いだ藤敦は安濃城(津市安濃町)に拠り、長野氏に従っていたが、永禄11年(1568)には長野具藤に疑われて具藤を攻め、多芸に逃亡させている。天正8年(1580)織田信包に敗れて落城、のち豊臣秀吉に仕えてその側室松丸殿の家司となっている。

峯氏(みね) 伊勢国鈴鹿郡の国衆。関氏一族の政実が峯城(亀山市川崎町)を築城して峯氏を称した。以後、2代主水佐、3代但馬守、4代大和守、5代越前守盛憲(盛信)、6代大和守盛定(盛益)、7代盛祐、8代盛治と続いたという。永禄11年(1568)織田信長の伊勢侵攻後は神戸(織田)信孝に従ったが、天正2年(1574)峯八郎四郎が信長の長島一揆討伐に加わって戦死し、弟与八郎が継いだが断絶した。

百地氏(ももち) 伊賀国山田郡の国衆。延文4年(1359)に悪党として活躍した喰代村(伊賀市)の喰代彦次郎の末裔という。戦国時代は百地城(伊賀市)に拠った。天正9年(1581)伊賀の乱では百地丹波は名張柏原城に入っている。伊賀流忍術の頭である。

◎中世の名族

北畠氏

伊勢の戦国大名。村上源氏。中院雅家が洛北の北畠に住んで北畠氏を称したのが祖。本来は中級の公卿だったが、親房は後醍醐天皇に抜擢されて側近となり、建武新政に活躍。1333（元弘3）年16歳の長男顕家が陸奥守となり、義良親王を奉じて多賀国府に下向、以後北畠氏は武家に転じた。35（建武2）年叛旗を翻した足利尊氏追討のために上洛、尊氏を九州に追い落とすと鎮守府将軍となって再び奥州に下向した。37（延元2）年再起した尊氏追討のために再び上洛したが、翌年21歳で討死した。

この間に伊勢国司となっていた親房は二男顕信と共に東国に渡り、常陸国小田城を本拠として東国の南朝方の中心となった。親房が『神皇正統記』を書いたのも小田城である。しかし、41（興国2・暦応4）年小田城は落城、逃れた関城も同年に落城した。

実質的に伊勢国司をつとめていた親房の三男顕能は田丸城に拠っていたが、42（興国3・康永元）年に高師秋に敗れて落城、以後多気城（多気郡多気町）に拠って伊勢国司を世襲。多芸御所と称して南伊勢を制し、大和国宇陀郡の在地領主とも連携して南朝方として活躍した。

南北朝合一後は伊勢国司のまま室町幕府から伊勢半国守護を認められた。以後、大河内氏、木造氏、田丸氏、坂内氏、星合氏、岩内氏、藤方氏、波瀬氏などの庶子家を輩出しながら、戦国大名へと脱皮した。

1569（永禄12）年具教の時織田信長が伊勢に侵攻、一族の木造氏が信長に内通したことから、信長の子茶筅丸（後の信雄）を養子とすることで降伏した。70（元亀元）年茶筅丸は具教の五女と結婚して北畠氏を相続して事実上北畠氏は滅亡。さらに76（天正4）年には具教以下一族が信長に殺されて、名実共に滅亡した。

◎近世以降の名家

石川家

亀山藩主。河内源氏石川氏の末裔と伝える。石川康通は徳川家康に仕えて上総鳴渡（千葉県山武市）で2万石を領し、1601（慶長6）年に美濃大垣藩5万石を立藩した。忠総は16（元和2）年1万石を加増されて豊後日田に転じ、さらに33（寛永10）年下総佐倉7万石に、翌年には近江膳所7万石に加転。51（慶安4）年忠総の遺領相続する際、憲之は5万石を継いで伊勢亀山に移り、総長が1万石、貞当が7000石、総氏が3000石を継いだ。その後も、69（寛文9）年山城淀6万石、1711（正徳元）年総慶が備中松山を経て、44（延享元）年伊勢亀山藩6万石に入封した。1884（明治17）年成徳の時に子爵となる。

稲垣家

志摩鳥羽藩主。清和源氏を称している。伊勢の住人小田重氏が三河国に移り、重賢の時三河国渥美郡牛久保（愛知県豊川市）に住んだ。長茂は初め牧野成定に従い、1565（永禄8）年徳川家康に仕えた。

長茂は小田原攻めで功をあげ、関東入国では3000石を与えられた。関ヶ原合戦後、1601（慶長6）年上野伊勢崎藩1万石を立藩。重綱は20（元和6）年越後三条を経て、51（慶安4）年三河刈谷2万3000石、重富は下野烏山2万5000石に移る。1725（享保10）年昭賢の時に志摩鳥羽三万石に入封した。1884（明治17）年子爵となる。

宇治土公家

伊勢神宮内宮神官。大内人三員の最上職宇治大内人を世襲した。猿田彦大神の末裔大田命の子孫と伝え、倭姫命が天照大神の鎮祭する場所を求めた際に、現在の鎮座地を教えたという。代々伊勢国度会郡宇治郷（三重県伊勢市）に住んだ。明治維新後は、猿田彦神社神官をつとめる。

岡田家

三重郡四日市（四日市市）の旧家。宝暦年間（1751～1764）に初代惣左衛門が篠原屋と号して太物小売を創業。維新後、5代目の惣右衛門が岡田屋呉服店に改組して成功。戦後はさらにイオングループに発展した。政治家の岡田克也は一族。

小津家

飯高郡松坂（松阪市）の豪商。戦国時代に北畠氏一族の木造氏に仕えた三好隼人佐長年が祖。1653（承応2）年3代目長弘が江戸・大伝馬町1丁目に紙店「小津屋」を開業。その後、98（元禄11）年には隣地へ木綿店「伊勢屋」、1784（天明4）年には本町4丁目へ紙店（向店）を開業した。55（宝暦5）年には三井家、長谷川家などと共に、紀伊藩の御為替御用を命じられている。同家住宅は「松阪商人の館」として一般公開されている。

川喜田家

安濃郡津（津市）の豪商。1635（寛永12）年には江戸・大伝馬町に木綿仲買の店を出し、以後江戸の木綿問屋で重要な位置を占めた。1918（大正7）年に株式会社に改組、38（昭和13）年に廃業している。

陶芸家の川喜田半泥子は、津の本家16代目久太夫で、百五銀行頭取や三重県議などもつとめている。津市垂水には川喜田家代々の蒐集したコレクションと半泥子の作品を収蔵した石水博物館がある。

河辺家

伊勢神宮大宮司。奈良時代に中臣意美麿が伊勢神宮の祭主となって以降、中臣氏が伊勢神宮神官をつとめるようになり、769（神護景雲3）年に清麻呂が大中臣姓を授けられた。以後。清麻呂の子孫が伊勢神宮の祭主と宮司を独占した。南北朝時代以降は、河辺家が大宮司職を世襲している。1884（明治17）年博長の時男爵となる。

久野家

紀伊藩家老・伊勢田丸城（玉城町）城主。藤原南家という。戦国時代は久野城（静岡県袋井市）に拠り、1560（永禄3）年の桶狭間合戦では、宗忠が討死したという。その後、今川氏真が駿府を追われた際に、今川方と徳川方に分裂、宗能（宗安）は徳川家康に仕えた。宗能は90（天正18）年の関東移封で下総佐倉1万3000石が与えられた。96（慶長元）年、宗能の子宗朝が私怨から三宅正次を殺害したため改易。関ヶ原合戦後、宗能が遠江久野8500石で再興した。1615（元和元）年宗成が紀伊藩家老に就任、伊勢田丸城主1万石となる。以後代々家老として和歌山城下に住んだため、田丸には名代を派遣していた。

国分家

飯高郡松阪（松阪市）の豪商。国分創業家。常陸国の出といい、戦国時代に伊勢に転じて北畠氏に仕え、江戸時代になって伊勢国飯南郡射和（いざわ）（松阪市）で帰農したという。その後、松阪に出て商家となり、代々勘兵衛を称した。

1712（正徳2）年4代目勘兵衛が常陸土浦で醤油の醸造も始めると同時に、江戸・日本橋本町に大国屋と号して店舗を開設、自家製醤油の販売を行った。1859（安政6）年8代目勘兵衛が製茶貿易に乗り出す一方、80（明治13）年には醤油醸造を廃業し、食品販売問屋に専念した。10代勘兵衛が株式会社に改組。長男貫一は戦後種類配給公団副総裁などをつとめた後に11代目を襲名。1991（平成3）年にはその長男の章一が12代目勘兵衛を継いだ。

佐藤家（さとう）

サンジルシ醸造創業家。元は桑名（桑名市）の廻船問屋で、桑名藩の御用商人でもあった。1804（文化4）年藩命で味噌・たまり醸造業を始め、この年が創業年となっている。維新後は味噌醤油醸造業をメインとし、1951（昭和26）年に株式会社佐藤信之助商店に改組、63（同38）年サンジルシ醸造株式会社と改称した。サンジルシは揖斐・長良・木曽の三川を意味している。

沢田家（さわだ）

伊勢神宮内宮の神職。禰宜になることができる神宮家八家の筆頭で、荒木田氏一門の嫡流。1890（明治23）年男爵を授けられ、1918（大正7）年には先祖の姓である荒木田氏に復した。

竹川家（たけかわ）

伊勢国飯野郡射和村（松阪市）の豪商。浅井長政の末裔と伝える。幕府の御為替御用をつとめ、江戸・大坂にも店を持った。本家・新宅・東家の三家からなる。1836（天保7）年には鳥羽藩の九鬼家から援助を求められて断っている。

幕末の東家の6代目当主竹斎は文化人として知られた。竹斎の蒐集した資料類は射和文庫に保管されている。

竹口家（たけぐち）

奄芸郡白子（鈴鹿市白子）の豪商。江戸時代前期の延宝年間に廻船問屋を創業。紀伊藩白子領を代表する積荷・廻船問屋で、代々次兵衛を称した。江戸の木綿問屋仲間「白子組」を統括し、白子組の荷を輸送するためには竹口家の送り状が必要だったという。6代目如林は文化人としても著名。

また、伊勢街道白子宿で大徳屋と号した和菓子の竹口家も一族。代々久兵衛を称し、紀伊藩御用達であった。現在は15代目である。

藤堂家（とうどう）

伊勢津藩主。近江国犬上郡藤堂（滋賀県犬上郡甲良町）の出という。中原姓、藤原姓、宇多源氏などの説があるが不詳。高虎は浅井氏、織田氏を経て豊臣秀吉に仕えて頭角を現し、伊予板島で7万石を領した。関ヶ原合戦後今治20万石に加転、さらに1608（慶長13）年に伊勢安濃津22万950石に転じて津藩を立藩した。大坂の陣後は32万3000石となった。69（寛文9）年3代高久の時高通に5万石を分知している。1884（明治17）年高潔の時に伯爵となる。

分家に久居藩主の藤堂家がある他、津藩家老の名張藤堂家は高虎の養子高吉の子孫である。

常磐井家（ときわい）

安濃郡一身田（津市一身田）の専修寺住職。親鸞が下野国に建立した専修寺は4代専空以降代々住職を世襲した。10代真慧の時伊勢国一身田に移り、浄土宗高田派本山となる。江戸時代は摂家・皇族より住職となり、1861（文久元）年近衛忠煕の四男堯煕（ぎょうき）が継承。72（明治5）年には華族となって常磐井家を称し、96（同29）年男爵となる。

長谷川家（はせがわ）

飯高郡松坂（松阪市）の豪商。1635（寛永12）年布屋と号して木綿商を創業。75（延宝3）年には3代政幸が江戸・大伝馬町に木綿仲買の店を構えた。現在は東京を本社とするマルサン長谷川となっている。2013（平成25）年松阪市魚町の邸宅と古文書2万3000点と書籍2400点が松阪市に寄贈され、「松阪商人　長谷川治郎兵衛家旧宅」として同市文化財に指定された。

浜田家（はまだ）

伊勢の和菓子商。赤福の創業家。江戸時代初期には伊勢神宮内宮前の五十鈴川のほとりで「赤福」と号して餅屋を営んでいたという。1707（宝永4）年執筆の浮世草子『美景蒔絵松』に赤福が登場することから、この年を創業年としている。1954（昭和29）年株式会社赤福となる。10代目益嗣は伊勢商工会議所会頭もつとめた。

東家（ひがし）

紀伊国牟婁郡尾呂志村（御浜町）の旧家。平安時代末期に石見国津和野（島根県）から紀伊国中立村に移り住んできたと伝える。江戸時代中期に上野村に転じた。本家は代々勘兵衛を称し、大地主の傍ら酒造業を営んだ。現在は35代目である。

分家も多く、28代勘兵衛の二男勘作を祖とする前久保家、29代勘兵衛の二男宗八を祖とする上平家、上平家の初代宗八の三男常三郎を祖とする裏地家（いずれも屋号）などがある。

前久保家3代の東亀蔵は医師となって尾鷲で東病院を開業、現在は尾鷲総合病院となっている。

土方家（ひじかた）

菰野（こもの）藩主。大和国土方村（奈良県）発祥で、清和源氏頼親流というが、祖信治以前は不明。信治が織田信長に仕え、1555（弘治元）年土岐氏と戦って戦死した。信治の子雄久は織田信雄に仕え、尾張犬山で4万5000石を領した。

雄久の長男の雄氏は豊臣秀頼の近侍となり1万石を知行していたが、99（慶長4）年大野治長と共に徳川家康の暗殺を企てたとされて常陸佐竹氏に預けられた。しかし、関ヶ原合戦で徳川秀忠に従って功をあげたことから一家を興し、伊勢菰野1万2000石の藩主となった。1884（明治17）年雄志の時に子爵となった。

藤波家（ふじなみ）

公家。大中臣氏の嫡流。家名は伊勢国度会郡佐八藤波（伊勢市佐八）にちなむ。代々伊勢神宮の祭主で二位・三位に昇ったが、伊勢の岩出に邸宅を構えていたことから地下であった。織豊時代、慶忠の頃から京都に定住して堂上に列したが、子種忠は1623（元和9）年後水尾天皇の勅勘を被り、地下に戻された。その子友忠も幕府によって13年間佐渡に流されている。その間祭主は河辺家がつとめていたが、61（万治4）年景忠が祭主に復帰、78（延宝6）年には公卿となり、84（天和4）年に堂上にも復帰した。家格は半家。家禄は172石。1871（明治4）年伊勢神宮の制度改革で祭主は皇族がつとめることになった。84（同17）年言忠の時に子爵となる。

本多家（ほんだ）

伊勢神戸藩（鈴鹿市）藩主。伊奈本多氏の子孫。康将の二男忠

恒が、1679（延宝7）年父の所領のうちから1万石を分知されたのが祖。子忠統は1724（享保9）年寺社奉行、25（同10）年若年寄となり、32（同17）年所領を伊勢国川曲郡、河内国錦部郡のうちに移されて、川曲郡神戸に住んだ。45（延享2）年伊勢国川曲・鈴鹿・三重3郡で5000石を加増されて1万5000石となり、神戸城を築城。1884（明治17）年忠貫が子爵となる。

増山（ましやま）家

伊勢長島藩（桑名市）藩主。武蔵七党丹党の末裔で、元は青木氏を称していた。青木利長の娘お楽の方（宝樹院）は春日局に認められて大奥に入り、3代将軍家光の側室となって4代将軍家綱を産んだ。お楽の方の弟の正利は家光に仕えて母方の姓である増山を称し、1647（正保4）年相模国高座郡で1万石を与えられて諸侯に列した。59（万治2）年三河西尾2万石に加転。

長男正弥は63（寛文3）年常陸下館2万3000石を経て、1702（元禄5）年伊勢長島2万石に移る。6代正賢は木村兼葭堂（けんかどう）と交流があり、画家・書家としても知られた。7代正寧・8代正修は共に若年寄をつとめ、1884（明治17）年正同の時に子爵となる。

松木（まつき）家

伊勢神宮外宮（げくう）の神官を務めた度会（わたらい）氏の一族で、江戸時代初期から松木家を称して、代々外宮禰宜家の筆頭をつとめた。1884（明治17）年美彦の時に男爵となる。

松平（まつだいら）家

伊勢桑名藩主。徳川家康の異父弟久松定勝の三男定綱は徳川秀忠に仕えて1609（慶長14）年下総山川藩1万5600石を立藩、松平氏を称したのが祖。以後、美濃大垣を経て、1710（宝永7）年越後高田に転封。41（寛保元）年定賢の時陸奥白河11万石に転じた。

83（天明3）年田安宗武の三男定信が藩主となって藩政を改革、白河藩を天明の大飢饉から救って明君として知られた。87（同7）年には老中に進み、寛政の改革を断行、綱紀の粛正を行った。1823（文政6）年定永の時に伊勢桑名11万石に転じたが、幕末には幕府方に属して官軍と戦い、69（明治2）年6万石に減じられた。84（同17）年定教の時に子爵となる。

三井（みつい）家

豪商。藤原道長の子孫右馬之助信生が近江国に移り住んで三井氏と称したのが祖という。越後守高安の時に六角氏が滅亡して牢人し、伊勢国松坂に住んだ。その長男高俊は慶長年間に松坂で質屋兼酒屋を開業、受領名である越後守から「越後屋」と呼ばれ、豪商三井家の祖となった。

高俊没後は妻の殊法が経営、長男の俊次は江戸で店舗を出し、四男の高利は松坂で金融業を手掛けた。1673(延宝元)年俊次が死去すると、高利は江戸に出て呉服店を開業、「現金安売掛値なし」の新商法を始めて評判となる一方、両替店も開設した。高利の子の代に、嫡流である北家と、分家の五家からなる本家、女系の連家五家の合わせて十一家による三井一門が創設された。

1872(明治5)年越後屋呉服店を三井家から切り離して三越として展開する一方、76(同9)年には日本最初の私立銀行である三井銀行を創設した。96(同29)年北家の高棟、1911(明治44)年南家の高弘、15(大正4)年室町家の高保が男爵を授けられた。

本居家（もとおりけ）

国学者。桓武平氏で、平頼盛の子孫の建郷が本居氏を称し、その曽孫の直武の時に北畠氏に仕えたというが、本居宣長は古代豪族水取氏の子孫を唱えた。北畠氏滅亡後は小津氏を称して松坂で商人となる。宣長の時に本居氏に復し、以後代々国学者を輩出した。

幕末の内遠は紀伊藩に仕えて、同藩江戸藩邸内の古学館教授をつとめ、長男の豊穎（とよかい）は維新後新政府に出仕、東京女子高等師範教授をつとめる傍ら歌人としても活躍。豊穎の孫が日本の童謡の祖といわれる作曲家の本居長世で、その長女みどり、二女貴美子、三女若葉の三姉妹は童謡歌手となっている。

諸戸家（もろとけ）

伊勢桑名の山林地主。もともと木曽岬の庄屋だったが、幕末の清九郎の代に塩の売買に失敗して家が傾き、桑名に転じた。その子清六は米の売買で大儲けすると、明治中期から土地の集積を始めた。そして、渋谷から世田谷にかけての土地を買い占めた他、一族で1万町歩ともいわれる広大な山林を手にしている。その跡は四男の清吾が継いで2代目清六を名乗った。

博物館

斎宮歴史博物館
〈斎王居室の原寸復元模型〉

地域の特色

三重県は、東西約80キロメートル、南北約170キロメートルと細長い櫛形の南北に長い県である。南部の水深2,000メートルの深海から北部の標高1,700メートル近い山岳まで多様な地形をもち、亜寒帯から亜熱帯までの幅広い生物種を育む日本列島の縮図のような自然を有していることが特徴である。三重は、京都にも近く、伊勢神宮という信仰としての拠点、さまざまな物資の流通集積の場としての多様な文化を生み出してきた。それぞれ固有の歴史、文化をもつ伊勢・伊賀・志摩と紀伊（一部）旧国から県は成り立っている。三重県は、中部と近畿の結節点に位置し、名古屋と大阪に近接していることもあり、生活や文化、経済などさまざまな面で双方との関わりをもっている。特に北勢地域は名古屋との、伊賀地域は大阪との関係性が強い。面積は5,774平方キロメートル、人口は175万5千人である（2021（令和3）年10月1日現在、総務省人口推計）。

伊勢志摩や伊賀地方などにある観光地にある施設は注目スポットとして欠かせない存在となっている。三重県博物館協会には、61館が加盟し相互交流を図っている。

主な博物館

海の博物館　鳥羽市浦村町大吉

1971（昭和46）年に開館後、92（平成4）年に現在地に全面移転、自然風景を取り入れたあたたかみのある空間として親しまれている。2017（平成29）年からは事業主体が鳥羽市に移管された。伊勢湾や熊野灘、志摩半島の漁撈用具や漁村の習俗など民俗学的見地から資料を収集し、海と人間の関わりをテーマとする総合博物館として活動を行っている。

「まず資料ありき」を活動の基本に置き、6万点以上の収蔵品をもつ。そのうち海女道具を含む漁撈用具、漁具製作用具、船体など6,789点が国の重要有形民俗文化財に指定されている。実物の和船80隻が並ぶ専用棟の展示は壮観である。また、海の暮らしを伝える記録資料や古文書も充実しており、特に映像フィルムなどの映像音声資料は、8万点を超えている。

三重の海に生きる人々の技と知恵を紹介する展示は、美しい建築と相まって圧巻のスケールである。環境活動にも力を入れ、各種の刊行物を通した海を守るためのSOS運動が注目される。

斎宮歴史博物館（さいくうれきしはくぶつかん）　多気郡明和町竹川

斎宮（さいくう）とは、天皇の即位のたびに選ばれて伊勢神宮に奉仕した未婚の皇女または女王およびその宮殿のあった場所のことである。奈良時代以降600年間存続したものの、正確な所在地は長い間不明であったが、発掘調査によりその範囲や全容が明らかになりつつある。1978（昭和53）年に斎宮跡全域が国の史跡に指定された。三重県では歴史的な研究成果をより広く伝えるため89（平成元）年に博物館を開館した。

99（平成11）年にはリニューアルオープンに合わせて斎宮跡体験学習施設「いつきのみや歴史体験館」を新築し、華やかであった平安時代にスポットを当てた体験型の博物館を目指している。展示は「文字からわかる斎宮」「ものからわかる斎宮」のゾーンに分かれ、文献資料と発掘された考古資料が分かりやすく紹介してある。また、埋蔵文化財センターとして発掘調査機関の役割も担い、その調査研究の成果は博物館で生かされている。

三重県総合博物館（みえけんそうごうはくぶつかん）　津市一身田

旧施設での60年に及ぶ歴史と活動の蓄積を背景に整備が進められ、2014（平成26）年にグランドオープンした。「ともに考え、活動し、成長する博物館」を基本理念としている。愛称はMieMu（みえむ）。これは「三重」の「ミュージアム」と同時に、「三重の夢」という意味ももつ。三重への愛着や誇りをもち未来への夢をもてるような博物館に、という思いが込められている。

基本展示室は、三重の特徴的な自然環境を四隅に配置し、その中で育まれた人・モノ・文化の交流史を展示室中央で展開している。大きな空間で一体的に紹介することで、三重の自然と歴史・文化を総合的にそしてダイナミックな表現となっている。情報ライブラリーなどがある「学習交流スペース」は、学びの場のみならず、利用者の交流と語らいの場として使われている。また、館内には資料閲覧室を設け、県の歴史公文書などの保存と活用の機能も果たしている。

鳥羽水族館（とばすいぞくかん） 鳥羽市鳥羽

鳥羽水族館は日本屈指の規模の水族館である。1955（昭和30）年の設立。展示生物は約1,200種を有し日本国内では最大である。12のテーマにゾーン分けされた施設には、自然をそのままに再現したさまざまな環境の下、海の生き物が飼育・展示されている。館内は観覧順序を無くした自由通路となっており、その全長は約1.5キロメートルとなる。イルカやアシカ、ラッコなどの海獣類が多く、特に人魚伝説のモデルともいわれるジュゴンは日本で唯一であり、同じ海牛類である巨大なアフリカマナティーを併せての2種を同時に飼育展示しているのは世界でもここだけである。アシカのショーやセイウチふれあいタイムなどのイベントも毎日行われ、生き物たちの不思議さと素晴らしさを教えてくれる。

絶滅の危機にある希少海洋生物の保護・育成にも力を入れており、スナメリの赤ちゃんや日本初のラッコ2世を誕生させたほか、ジュゴンとオウムガイの飼育の世界記録も保持している。

本居宣長記念館（もとおりのりなが きねんかん） 松阪市殿町

本居宣長は伊勢国松阪に生まれた江戸時代の国学者である。宣長の業績を広く紹介するために宣長の旧宅である「鈴屋」の隣接地に記念館が建てられた。展示室では『古事記伝』で有名な本居宣長の自筆稿本や愛用の品などが公開されている。宣長の実子・春庭（はるにわ）の子孫の家に伝わった資料など1万6,000点に上る収蔵品のうち、『古事記伝』自筆稿本や『日記』『遺言書』自画像など467種1,949点が国重要文化財に、また20種31点が県の有形文化財に指定されている。

宣長が12歳から亡くなるまで暮らした旧宅「鈴屋」は国の特別史跡となっており、偉大な国学者の当時の生活がしのばれる。施設を運営する公益財団法人鈴屋遺蹟保存会は関連資料の収集や、宣長に関する調査や研究も行っている。2017（平成29）年リニューアルオープンしていっそう楽しく学べる施設になり、宣長の解説項目索引などホームページにおけるデータベースの活用にも力を入れている。

神宮徴古館・農業館　伊勢市神田久志本町

1909（明治42）年、神宮徴古館は日本で最初の私立博物館として建てられた。伊勢神宮のまつりや歴史・文化に関する資料を中心に展示している。特に社殿の復原展示や20年に一度行われる式年遷宮の御料である御神宝類の展示は圧巻である。神宮農業館は日本最初の産業博物館で、自給自足の伝統を守る神饌や農林水産関係の歴史的資料などが紹介されている。館内には国の重要文化財11点、歴史・考古・美術工芸品など約1万3千点を収蔵している。

徴古館の建物は赤坂離宮（現在の迎賓館）を手がけた当時の宮廷建築の第一人者片山東熊の設計であり、ルネッサンス様式の重厚で格調ある外観が特徴である。農業館の建物は、徴古館と同じ片山東熊の設計による数少ない木造建築であり、平等院の鳳凰堂をイメージした和洋折衷の建築様式を取り入れている。明治時代の代表的遺構として両館とも国の登録有形文化財となっている。

松浦武四郎記念館　松阪市小野江

松浦武四郎は幕末から明治維新にかけて活躍した冒険家、探検家で、「北海道」の名付け親としても知られる。1994（平成6）年生誕地の松阪に記念館が建築された。幕末に蝦夷地（北海道）を6回にわたり調査して内陸部の地図を完成させたほか、膨大な記録と多くの紀行文を残した。記念館は、松浦家から松阪市（旧三雲町）に寄贈された武四郎の貴重な資料を数多く収蔵・展示し、そのうち1,505点が国の重要文化財に指定されている。

四日市市立博物館　四日市市安島

1993（平成5）年に近鉄四日市駅近くに開館、2005（平成17）年には2階フロアを「四日市公害と環境未来館」として常設展示を大きくリニューアルした。四日市公害の発生に至る経緯や被害、環境改善に向けたさまざまな方策などについて、映像や写真、絵本などを用いて分かりやすく展示している。5階にあるプラネタリウムは、「四日市公害と環境未来館」と連携し地球環境を考える場として他には例を見ない特色あるものである。

鈴鹿市考古博物館　鈴鹿市国分町

鈴鹿市考古博物館は、国史跡・伊勢国分寺跡の南に隣接して1998（平成10）年に建てられた考古学を専門とする博物館である。鈴鹿市は、畿内と東日本を結ぶ交通の要衝として古代伊勢国における政治文化の中心であった。伊勢国分寺跡や国府跡など鈴鹿市内から出土した土器・石器・瓦などを保存し展示するとともに発掘調査の手法なども紹介している。また、古代の生活や歴史に親しみをもってもらうため、さまざまな体験講座などを催している。

桑名市博物館　桑名市京町

桑名市立文化美術館を前身とし、1985（昭和60）年に三重県内初の市立博物館として開館した。収蔵品は寛政の改革で知られる松平定信関係資料をはじめ、桑名藩の関係資料、萬古焼、刀剣、茶道具など多方面にわたっている。年間を通じ三重県や桑名に関連したテーマの企画展示を行い、地域文化を広く紹介している。

伊賀流忍者博物館　伊賀市上野丸之内

伊賀流忍者博物館は、伊賀上野城内にある博物館である。1998（平成10）年にそれまでの屋敷建物を増築し開館した。からくり忍者屋敷では、忍びの家に伝わる技術や忍術を守るためのどんでん返しや隠し階段といったさまざまな仕掛けを紹介している。忍者がどのような武器や道具を使い、役割を果たしつつ自分の身を守ったのかを実演するショーや手裏剣打ち体験なども行っている。忍者になりきるグッズも販売されている。

名字

〈難読名字クイズ〉
①天春／②位田／③宇治土公／④垂髪／⑤産屋敷／⑥王来王家／⑦界外／⑧海住／⑨強力／⑩権蛇／⑪所神根／⑫村主／⑬舌古／⑭樋廻／⑮神戸中

◆地域の特徴

三重県の名字では圧倒的に伊藤が多い。県全体の人口に占める割合は3%に近く2位山本の2倍近くある。とくに県北部では人口の1割近くが伊藤である。伊藤とは「伊勢の藤原」という意味なので三重県に多いのは当然という感じもするが、加藤は加賀＝石川県には多くなく、遠藤も遠江＝静岡県に多いわけではない。こうした名字が生まれてからすでに1000年ほどが経過しており、必ずしもルーツの地に集中しているというわけでもない。

2位山本、3位中村、4位田中と西日本系の名字が並び、5位鈴木、6位加藤、7位小林は東日本系の名字。県内に名字における東西の境目が通っているため、東日本に多い名字と西日本に多い名字が混じったランキングとなっている。8位には三重県を代表する名字である水谷が入る。水谷は県北部に多く、旧多度町（桑名市）では人口の11%が水谷だった。ここから愛知県西部、岐阜県南部にかけて集中しており、この付近だけで全国の約半数が住んでいる。この付近は、濃尾平野を流れる3つの大河、木曽川、

名字ランキング（上位40位）

1	伊藤	11	佐藤	21	松本	31	太田
2	山本	12	西村	22	山田	32	高橋
3	中村	13	中西	23	清水	33	吉田
4	田中	14	渡辺	24	谷口	34	後藤
5	鈴木	15	服部	25	橋本	35	小川
6	加藤	16	前田	26	大西	36	井上
7	小林	17	中川	27	近藤	37	藤田
8	水谷	18	山下	28	村田	38	辻
9	森	19	林	29	長谷川	39	竹内
10	山口	20	浜口	30	岡田	40	松田

長良川、揖斐川の流域で、水谷一族もこの川を利用していた一族であろう。

41位以下では、44位稲垣、55位出口、85位倉田、86位野呂などが特徴。

稲垣は県内の地名がルーツ。津市に地名があり、江戸時代に鳥羽藩主などを務めた大名の稲垣家も、室町時代に津市から三河に転じて松平氏に仕えたのが祖という。現在も津市から四日市市にかけて多い。

出口は三重県・和歌山県・長崎県の三県に多い名字で、三重県が最多。県北部と伊勢市付近の2カ所に多い。野呂は三重県と青森県に集中しているという変わった分布をしており、旧勢和村（多気町）では村内で最多の名字だった。

101位以下では、矢田、中森、世古、川北、駒田、山際（やまぎわ）、坂倉、瀬古が独特。三重県では、細い路地のことを「せこ」といった。ここから生まれたのが「せこ」という名字で、世古・瀬古などの漢字をあてた。熊野市・海山町を中心に県南部では世古が多く、県北部では瀬古が多い。マラソン選手として有名な瀬古利彦氏は県北部の桑名市の出身。この他にも伊勢市付近の世古口、旧紀勢町（大紀町）に多い中世古などがある。

川北は津市の地名がルーツで、中世には川北城に拠って長野氏に属した国衆の川北氏があった。現在でも津市から四日市市にかけて多い。また、河北・川喜田・川喜多など、漢字の違う「かわきた」も多い。

●地域による違い

県北部は濃尾平野の西端に位置し、名古屋市への通勤圏でもあることから、名古屋市と共通する名字が多い。とにかく伊藤が圧倒的に多く、平成大合併以前にあった17市町村のうち、13市町村で伊藤が最多だった。次いで加藤、小林、水谷などが多い。特徴的な名字には、木曽岬町の黒宮・諸戸（もろと）、多度町の蛭川（ひるかわ）、いなべ市の日紫喜（ひしき）、菰野町の諸岡（もろおか）など。

旧伊賀国である伊賀地区は、もともと滋賀や奈良との結びつきが強かったうえ、近年は大阪への通勤圏ともなっていることから、山本・田中の多い西日本型。また中森、福森、藤森、など「森」の付く名字が多いほか、柘植（つげ）、服部なども目立つ。旧大山田村では最多が中で、以下、東、西口、西と続き、方位由来の名字が多い。

県庁所在地の津市や松阪市を中心とする中勢地区は、東日本の伊藤と、西日本の田中が多く、次いで鈴木、山本、中村も多いなど、東西のメジャーな名字が混じっている。また、津市のうち、旧安濃町では紀平が最多だったほか、旧河芸町の別所、旧香良洲町の土性（どしょう）など、珍しい名字も多い。

旧志摩国である鳥羽地区は、中勢地区とは全く違う独特の分布である。平成大合併前にこの地域にあった6市町で最多となっていた名字は、鳥羽市が中村であるほか、志摩市のうち旧磯部町が大形、旧阿児町が前田、旧浜島町が柴原、旧大王町が山際（やまぎわ）、旧志摩町が浜口とすべて違っていた。旧阿児町の谷川原（たにがわら）、旧大王町の天白（てんぱく）、旧志摩町の磯和など独特の名字も多い。

伊勢市を中心とする南勢地区では、山本、中村、中西、大西など、地形由来や方位由来の名字が多い。旧勢和村で野呂が最多だったほか、大台町の前納（まえのう）、玉城町の見並などが独特の名字である。

そのさらに南の東紀伊地区は、かつて旧紀伊国だった。この地区は東、西、南といった、方位そのものの名字が多いのが特徴で、大川や榎本も多い。独特の名字には、尾鷲市の三鬼（みき）、旧海山町の畔地（あぜち）、家崎などがある。

●東西の境目

三重県の名字の最大の特徴は、県内に名字における東西の境目が通っていることだ。日本海側では新潟県と富山県の県境できっぱり変わっているのに対し、太平洋側でははっきりとした境目はなく、三重県内でゆるやかに変化する。

県北部では伊藤が圧倒的に多く、加藤、小林も多い完全な東日本型である。今では大阪への通勤圏となっている西部の伊賀地区では山本、田中が多い完全な西日本型。南勢地区は山本、中村の2つが圧倒的に多く、次いで西村、中西などが続き、明らかな西日本型。鳥羽地区や東紀伊地区では東西どちらともいえない独特の名字が多いが、それでも田中、山本、中村といった西日本系の名字が多い一方で、伊藤や加藤はほとんどなく、やはり西日本型の地域だろう。

残る中勢地区は、津市では伊藤（東日本型）が最多で、2位が田中（西日本型）。以下も東の鈴木と加藤、西の山口・山本・中村などが多い東西混在型。県庁所在地のため、県内各地から人が集まって来ているということも関係していると思われる。平成大合併以前の旧市町村でみると、津市北部の旧河芸町では後藤が最多で、伊藤も多い東日本型。一方、南西部の旧久居市では1位が西の田中で、以下、鈴木（東）・伊藤（東）・山本（西）と、やはり東西の名字が混在している。

ところが、雲出川（くもず）を渡った南側の旧三雲町では、最多こそ伊藤（東）であるものの、以下は田中・中村など西の名字が多くなり、そのさらに南の松阪市では1位田中、2位中村と完全に西日本型の名字となっている。

これらを総合すると、太平洋側では津市の雲出川の流域が東西の境目となっていると考えられる。

●斎藤のルーツ

「さいとう」という名字は漢字のバリエーションが多い。戸籍の電算化の際には実に85種類もの書き方が見つかったというが、現在は20種類ほどに整理されたとみられる。このなかでは斎藤、斉藤、齋藤、齊藤の4種類が多いが、この4つの書き方について、「さいとう」さん本人もどう違うのかを知らないことも多い。

斎藤と齋藤は、「斎」が新字で「齋」が旧字という関係で、同じ漢字の書き方の違いである。同じく、斉藤と齊藤も漢字の新旧字体の違いである。しかし、斎藤と斉藤の場合、「斎」と「斉」は別の漢字で漢字そのものの意味が違っている。そもそも「斉」という漢字の読み方は「せい」である。しかし、名字としてはルーツ的にも全く同じで、「さいとう」さん本人でも混同して使っていることもある。

「さいとう」一族も、下に「藤」と付くことから藤原氏の末裔で、伊勢神宮に関係している。伊勢神宮は天皇家と関わりが深く、かつては代々天皇家の未婚の女性が斎王となって伊勢神宮に奉仕していた。そのため、朝廷には斎王に仕えるため斎宮(さいくう)寮という部署もあった。

藤原北家利仁流の祖である利仁の子叙用(のぶもち)は、斎宮寮の長官である斎宮頭となったことから、斎宮頭の「斎」と藤原の「藤」をとって、斎藤を名字としたのが斎藤氏の始まり。当時は旧字体を使用していたので、「さいとう」一族の本来の書き方は齋藤である。しかし「齋」の字は難しい。そこで、「齋」を簡略にした「斎」という漢字が使われるようになり、斎藤と書くのが一般的になった。やがて、「斎」よりさらに簡単な「斉」という漢字で代用し、斉藤という書き方も生まれたと考えられ、「斉」を旧字体に戻した齊藤という名字も誕生した。さらに、明治に戸籍に登録した際に、多くの書き間違いや独自の略字を書いた人が多かったことから、多くの「さいとう」さんが生まれた。現在では斎藤が一番多く、次いで斉藤、齋藤、齊藤の順である。

●服部の由来

県順位15位の服部は一般的には職業由来を代表する名字だが、県内の服部は地名由来ともいえる。

服部とは本来職業に由来する名字で、古代に機織りを担当した服織部（はたおりべ）がルーツ。「服織部」から真ん中の「織」が欠落して漢字は「服部」となる一方、発音では末尾の「べ」が落ちて「はたおり」となり、さらに音便作用で「はっとり」になったもの。漢字と読み方で欠落した部分が違うため、対応しなくなった。服部一族はその職能で全国に広がり、住んだところは地名にもなった。

県内の服部のルーツは、伊賀国服部郷（伊賀市）。鎌倉時代に幕府の御家人となって伊賀一帯に勢力を広げ、室町時代には有力国人に成長したが、戦国時代に織田信長の伊賀攻めで没落した。その後、服部半蔵正成が徳川家康に仕え、江戸時代は伊賀衆と呼ばれる旗本となっている。いわゆる伊賀忍者の頭領の家系である。

◆三重県ならではの名字

◎荒木田（あらきだ）

伊勢神宮内宮禰宜（ねぎ）の名字。天見通命の子孫といい、景行天皇の時代に伊勢国度会（わたらい）郡大貫（度会郡度会町大野木）に住んで大貫連の姓を賜り、成務天皇の時代に最上が荒木田神主の姓を賜ったのが祖である。一族は度会郡に多くの分家を出して地名を名字として、明治時代まで神官を世襲した。

◎紀平（きひら）

津市に独特の名字。とくに旧安濃町には全国の45%が集中しており、町内で最多となっていた。もともとは紀姓だったが、同地が伊勢平氏の本拠地だったことから平氏にもあやかって2つの姓を合わせ、紀平と名乗ったといわれる。

◎日紫喜（ひしき）

全国の6割が三重県にあり、いなべ市の旧員弁町域に集中している。元は渡辺という名字の鋳工だったが、豊臣秀吉の命で京都の某寺の洪鐘を鋳造した際、最初の銅湯が、ちょうど日の出の時刻（日出＝ひじ）に涌いたため、秀吉が「日出とは喜（め）でたい」と賞賛し、「紫」の嘉字を用いて「日紫喜」としたという。

◎度会（わたらい）

伊勢神宮外宮の禰宜家。天日別命（あめのひわけのみこと）の子孫で、垂仁天皇の時に大若子が伊勢国造に任ぜられ、大神主を兼ねたという。のち4門に分かれ、二門と四門が栄えた。二門からは松木氏、久志本（くしもと）氏などが出、維新後、禰宜家筆頭の松木家が男爵を授けられた。

◆三重県にルーツのある名字

◎榊原（さかきばら）

越後高田藩主などを務めた榊原家は津市の地名がルーツと伝える（異説もある）。室町時代に三河に転じて松平氏に仕え、康政が徳川家康の四天王の一人にも数えられて数々の戦で功を挙げた。現在、榊原は愛知県の半田市付近に集中しており、三重県内ではそれほど多くない。

◎牧戸（まきど）

全国の4割以上が三重県にあり、松阪市に集中している。津市や伊勢市にも多いほか､愛知県尾張地方にも広がっている。伊勢国度会郡牧戸村（度会郡度会町牧戸）がルーツ。

◆珍しい名字

◎王来王家（おくおか）

鈴鹿市などにごくわずかだけある名字。「おくおか」と読み、漢字だけをみると王家の末裔という雰囲気だが、実は三重県北部は奥岡という名字の集中している場所でもある。王来王家も奥岡から漢字が変化したものではないだろうか。

◎肥満（ひまん）

三重県を代表する珍しい名字で松阪市などにある。松阪の肥満家には名字の由来が伝わっている。かつて旅のお坊さんを家に泊めたとき、お坊さんはお礼として石をくれた。この石、なぜかどんどん肥え太るように大きくなっていき、それと同時に村も栄えるようになったという。実はその旅のお坊さんとは有名な弘法大師だったので、村人はこの石にあやかって名字を肥満にしたという言い伝えが残っている。これは、全国各地に伝わる弘法大師伝説の一つだが、中世以前では「太っている＝裕福」という概念が一般的にあったことから、あえて肥満という名字を名乗ったものと考えられる。

〈難読名字クイズ解答〉

①あまかす／②いんでん／③うじとこ／④うない／⑤うぶやしき／⑥おくおか／⑦かいげ／⑧かいじゅう／⑨ごうりき／⑩ごんじゃ／⑪しょしね／⑫すぐり／⑬ぜっこ／⑭ひばさみ／⑮みとなか

Ⅱ

食の文化編

米 / 雑穀

地域の歴史的特徴

紀元前250年頃、伊勢湾沿岸に弥生文化が伝わり、水稲栽培を行う農耕集落が成立していたことが津市納所遺跡や鈴鹿市上箕田遺跡などの発掘調査で明らかになっている。

毎年10月に伊勢神宮では神嘗祭が行われる。その際、内垣に掛けられる稲束を懸税という。現在の明和町山大淀の佐々牟江行宮跡付近で、1羽の鶴が根は1株で八握穂に茂っている稲を示し、倭姫命がそれを大神に捧げたという伝説がある。

1871（明治4）年の廃藩置県で安濃津県（後に三重県と改称）と度会県が置かれた。旧紀伊牟婁郡のうち、ほぼ熊野川以東が度会県に編入された。三重県のミエという名前の意味については、①朝鮮語で神を意味するミの辺、つまり神のいらっしゃる地、②水を意味するミの辺、つまり水の岸辺、の二つの説がある。

1876（明治9）年4月18日に両県が合併して現在の三重県が誕生した。同県は4月18日を「県民の日」と定めている。

コメの概況

三重県の耕地面積に占める水田率は75.6％で、全国平均（54.4％）を大きく上回っている。稲作は伊勢平野や上野盆地が中心である。品目別の農業産出額はコメが鶏卵を上回り、1位である。

水稲の作付面積、収穫量の全国順位はともに21位である。収穫量の多い市町村は、①松阪市、②伊賀市、③津市、④鈴鹿市、⑤伊勢市、⑥四日市市、⑦桑名市、⑧明和町、⑨いなべ市、⑩玉城町の順である。県内におけるシェアは、松阪市14.7％、伊賀市14.6％、津市13.7％、鈴鹿市8.5％などで、この4市で半分以上を生産している。

三重県における水稲の作付比率は、うるち米97.6％、もち米1.9％、醸造用米0.5%である。作付面積の全国シェアをみると、うるち米は1.9%で全国順位が愛知県と並んで20位、もち米は0.9%で山口県と並んで26位、醸造用米は0.6%で27位である。

知っておきたいコメの品種

うるち米

(必須銘柄) あきたこまち、キヌヒカリ、コシヒカリ、どんとこい、みえのえみ、みえのゆめ、ミルキークイーン、ヤマヒカリ
(選択銘柄) イクヒカリ、うこん錦、きぬむすめ、黄金晴、ヒカリ新世紀、ひとめぼれ、ヒノヒカリ、三重23号、みつひかり、夢ごこち

うるち米の作付面積を品種別にみると、「コシヒカリ」が最も多く全体の78.0%を占め、「キヌヒカリ」(9.8%)、「みえのゆめ」(3.0%) が続いている。これら3品種が全体の90.8%を占めている。

- **コシヒカリ**　県内全域で広く栽培され、8月下旬頃に収穫される。伊賀地区産「コシヒカリ」の食味ランキングは特Aだった年もあるが、2016 (平成28) 年産はAだった。北勢、中勢、南勢産「コシヒカリ」はAである。三重県内で消費されるほか、中京や阪神方面などに出荷される。
- **みえのえみ**　三重県がコシヒカリ系の「山形41号」と「ひとめぼれ」を交配し、その後代から育成した早生品種である。1998 (平成10) 年に品種登録した。上から読んでも、下から読んでも同じなのが面白い。
- **みえのゆめ**　三重県が「祭り晴」と「越南148号」を交配し育成した。中生品種として期待されてきたため、その期待感を「夢」という言葉に託した。「みえのえみ」に続く「みえの〜」シリーズの第2号である。

もち米

(必須銘柄) なし
(選択銘柄) なし

もち米の作付面積の品種別比率は「あゆみもち」が最も多く全体の58.4%を占め、「喜寿糯」(10.1%)、「カグラモチ」(4.7%) と続いている。この3品種で73.2%を占めている。

醸造用米

（必須銘柄）伊勢錦、神の穂、五百万国、山田錦
（選択銘柄）弓形穂

醸造用米の作付面積の品種別比率は「山田錦」65.9％、「神の穂」25.9％などである。この2品種が全体の91.8％を占めている。

- **神の穂**　三重県が「越南165号」と「夢山水」を交配し2007（平成19）年に育成し、2010（平成22）年に品種登録された。稲が倒れにくく、収穫量の多いことを目標に開発した。

知っておきたい雑穀

❶小麦

小麦の作付面積の全国順位は5位、収穫量は8位である。作付面積の広い市町村は、①松阪市（シェア24.0％）、②津市（14.3％）、③鈴鹿市（9.9％）、④菰野町（8.0％）、⑤伊賀市（8.0％）の順である。

❷六条大麦

六条大麦の作付面積、収穫量の全国順位はともに11位である。主産地はいなべ市（作付面積のシェア65.4％）と東員町（21.4％）である。

❸ハトムギ

ハトムギの作付面積の全国順位は11位である。収穫量も岡山県と並んで11位である。統計によると、三重県でハトムギを栽培しているのは、いなべ市だけである。

❹そば

そばの作付面積、収穫量の全国順位はともに32位である。いなべ市が作付面積で県内の46.7％、収穫量で70.3％を生産している。

❺大豆

大豆の作付面積の全国順位は13位、収穫量は14位である。主産地は松阪市、津市、菰野町、鈴鹿市、伊賀市などである。栽培品種は「フクユタカ」などである。

❻小豆

小豆の作付面積の全国順位は宮崎県と並んで33位である。収穫量の全国順位は37位である。主産地は伊賀市、津市、名張市などである。

コメ・雑穀関連施設

- **立梅用水**（多気町）　紀州藩により江戸時代後期の1823（文政6）年に完工した。水路の延長が30kmと長いため、水路自体に水を貯留するかたちとなり、安定した水の供給ができるようになった。工事には、約300年前から続く水銀の掘削技術を応用した。延べ25万人が工事に加わった。
- **南家城川口井水**（津市）　一級河川雲出川の頭首工から取水し、同川中流域右岸の水田360haにかんがいする用水である。平安時代後期の1190（文治6）年に開設され、1729（享保14）年に南家城井と川口井の二つの井水が連合した。幹線用水路の全長は7kmである。
- **稲生民俗資料館**（鈴鹿市）　資料館は鈴鹿市稲生西2丁目に所在し、稲生という地名にちなんで稲や農業関係の資料を中心に収集し、展示している。水車のほか、穀物の実とからなどを選別する唐箕などの農機具、古代米の一種の赤米や黒米、珍しい紫米なども展示している。稲の品種改良に功績のあった人物も紹介している。
- **智積養水**（四日市市）　四日市市に隣接する菰野町の蟹池を水源とする全長1.8kmの寺井川が同市智積地内を流れ、農業用水や生活用水に使われている。古くから干ばつに苦労していたこの地方ではこの清水を町内の宝として語り継ぎ、人々は用水ではなく、地域を支える「養水」とよぶ。養水には鯉を放流しており、「鯉のまち」でもある。
- **片田・野田のため池群**（津市）　岩田川上流部の里山に点在する約30カ所のため池群の多くは江戸時代に築造された。現在も150haの農地の用水源として利用されている。地域ぐるみで保全活動に取り組んでいる。ため池点検パトロールなど農業者以外の住民も参加する活動が活発である。

コメ・雑穀の特色ある料理

- **タコめし**（鳥羽市）　鳥羽市の答志島は漁業が盛んで、タコつぼを仕掛けたタコ漁が年間を通して行われている。炊き込みご飯であるタコめしのつくり方は家庭によって異なるが、新鮮なタコのうまさを生かすためタコ以外の具は控えめにするのが一般的である。多くてもニンジン、油揚げ、コンニャク程度である。

- **てこねずし**　カツオ、マグロなど赤身の刺し身をたれに漬け込み、酢飯と合わせた寿司である。好みで、大葉、ショウガ、のりなどを散らす。奥志摩地方のカツオ釣りの漁師が、釣ったカツオと持参した酢めしに、しょうゆをぶっかけ、手でこね混ぜて食べたのが起こりである。船上で時間をかけずに食事をとる知恵だった。
- **カキめし**（志摩半島）　的矢湾をはじめ志摩半島一帯ではカキの養殖が行われている。ここでとれる鮮度の良いカキを使ったカキめしは、古くから地域で親しまれている冬の家庭料理である。具には他に油揚げ、コンニャク、ゴボウ、ニンジンなどを使い、コメ、しょうゆ、酒とともにたく。沸騰したらカキを加え、少し蒸らしてから全体を混ぜる。
- **しぐれ肉巻きおにぎり**（桑名市など）　時雨アサリを使用した時雨ご飯を豚肉で巻いたおにぎり。甘辛いたれでからめる。付け合わせにプチトマト、サラダ菜などを添える。

コメと伝統文化の例

- **千枚田の虫送り**（熊野市）　熊野市紀和町の丸山千枚田は、「日本の棚田百選」の一つである。実際は大小1,340枚という千枚田のあぜを、夕方から「虫送り殿のお通りだい」という掛け声とともに、鉦（かね）や太鼓を打ち鳴らしながら提灯や松明であたりを照らし、練り歩く。開催日は7月第1土曜が多い。
- **伊雑宮御田植祭**（いざわのみや）（志摩市）　伊雑宮は、伊勢神宮内宮の別宮である。平安時代の古式ゆかしい衣装をまとい田楽に合わせての御料田での田植え、青年たちが泥にまみれながら竹を奪い合う竹取り行事などが奉納される。千葉の香取神宮、大阪の住吉大社と並ぶ日本三大御田植祭の一つである。開催日は毎年6月24日。
- **ひっぽろ神事**（志摩市）　1年の豊作を祈願して、志摩市阿児町立神地区の宇気比神社の境内で行われる正月行事である。獅子舞神事を中心に、小踊り、豊年竿踊り、小屋破り、火祭りなどが奉納される。笛の音色が「ヒッポリリョウリョ」と聞こえるのが名前の由来である。開催日は毎年1月2日。
- **鍬形祭**（鳥羽市）　五穀豊穣を祈願する祭りである。九鬼岩倉神社の拝殿前の広場を田んぼに見立て、昔の米づくりの作業を模した神事である。

田起こし、あぜ削り、あぜ塗り、馬を歩かせて土を砕く馬入れ、肥やしまき、田ならし、もみまき、苗取りといった田植え前の所作が詳しい。開催日は毎年4月第1日曜日。

- **かんこ踊り**（伊賀市）　三重県を代表する民俗芸能で各地で多様なかたちで踊られている。同地方では、古来から田楽形式のかんこ太鼓を肩からかけ、雨乞いの祈りを捧げてきた。伊賀市山畑の勝手神社のかんこ踊りは、これが神霊化し、五穀豊穣などを祈る踊りになった。開催日は毎年10月第2日曜日。

こなもの

伊勢うどん

地域の特色

三重県は、紀伊半島の一部を有し、太平洋側に面し、南北に細長い形をしている。三重県は「伊勢の国」ともいわれた。伊勢市には、皇室の祖神（天照大神）を祀る「伊勢神宮」が鎮座している。伊勢湾に向けていくつかの河川が流入している。西部には、鈴鹿山脈、高見山地、紀伊山地があり、他県との境となっている。気候は、全般的に夏から秋にかけて雨が多く、太平洋側の冬は、晴れた日が多いが、平野部・盆地部・山地部では地域的差がある。志摩半島はリアス海岸を形成し、歴史的にも漁業が主体の地域であった。

食の歴史と文化

三重県の農業の中心は、米を中心としている。品種はコシヒカリが大半を占めていて、とくに「伊賀コシヒカリ」の評価は高い。野菜の中では、ナバナやモロヘイヤなどの生産量が多い。果実としてはウメ・カキ・ナシ・ブドウ・ミカン（南紀みかん）の栽培が行われている。特産としては「伊勢茶」「松阪牛」などのブランド品が知られている。熊野灘に面した地域では、いろいろな大漁祭りがある。伝統的な魚に関する料理には、馴れずし、押しずし多い。また、高菜の漬物を使った「めはりずし」は、熊野地方の漁師の弁当として作られた郷土料理である。伊勢湾、志摩半島のイセエビやカキ、桑名のハマグリなど古くから有名な魚介類もある。伊勢市周辺の島々は伊勢神宮の神饌の魚介類の重要な漁場となっている。

ヤマイモの一種の「伊勢イモ」は江戸時代以来の特産で粘りがあって「とろろ汁」に利用されている。志摩地方の特産で「きんこ」といわれるサツマイモの煮切り干しがある。

皇室の祖神の天照大神を祀る伊勢神宮は、毎年の正月2日に首相をはじめ、閣僚が参拝する。伊勢神宮の所在する伊勢市の名物の「赤福」（赤福餅）

となっていて、お伊勢参りの土産として知られている。赤福は江戸時代の中期（宝永4［1707］年）に、作られ始めたといわれている。赤福（餅）の由来は、いつわりのない心（赤子之心）と、喜びと幸せ（慶福）、すなわち赤心慶福から命名されたといわれている。

知っておきたい郷土料理

だんご・まんじゅう類

①おころ／お飾り

三重県稲生地区では、お盆の13日には、うるち米の粉やもち米の粉でだんごを作る。真宗では「おころ」、真言宗では平たい形の「お飾り」を作り、仏壇に飾る。

「おころ」は、米粉をこね鉢に入れ、湯を加えながらだんごを作る硬さの生地に仕上げる。小さなだんごを作り、「はらん」という楕円形の葉にのせて蒸籠（せいろ）で蒸し、蒸し上がったらうちわで扇いでツヤをだして飾る。だんごは、三角錐に重ねるのが特徴である。

「お飾り」は、「おころ」と同じ生地を、梅干し大に丸めてから、手のひらで押さえて直系3～5cmの円形につぶしてから、蒸す。

いずれも仏壇に供えた後は、砂糖、黒砂糖のごまだれをつけて食べる。硬くなったものは、みそ汁の具にもする。

②蒸しだんご

小麦粉に重曹と塩を加え、ぬるま湯を入れながら捏ねて、だんごの生地を作る。生地を手のひらに広げ、そらまめ餡を包みこみ、さらにミョウガの葉で三角形に包んで蒸す。

田植えが終わる時期には、ミョウガの葉が大きく茂る。地域全体の田植えが終わり、地域の人々が骨休みの間食に利用する。この頃は小豆に虫がついているので、その代わりにソラマメで餡をつくることになっている。ミョウガの葉の代わりにサルトリイバラの葉を使う場合もある。

③よごみだんご

うるち米の粉ともち米の粉を混ぜ、ヨモギも入れて、熱湯を加えて捏ねてから蒸し、だんごの生地を作る。黒砂糖で甘味をつけた小豆あんを、このだんごの生地で包み、蒸す。

「よごみだんご」は、何回も捏(こ)ねて生地を作るので「こねこねだんご」ともいっている。

昔、三重県の伊賀町周辺は、麦飯とお粥を食べていることが多かったので、女性たちは食事に潤いをもたせようと、子どもたちのおやつに季節に合わせたいろいろなだんごを作っていた。

④絲印煎餅(いといんせんべい)

伊勢市の丸形の薄焼きの小麦せんべい。小麦粉に、砂糖、卵を混ぜ合わせた生地を焼いたもの。卵の使用量が多いので、軽く香ばしい。明治38（1905）年に明治天皇が伊勢神宮へ参拝の折に作られた。

⑤小原木(おはらぎ)

鈴鹿市の焼き菓子。江戸中期の享保年間（1716～36）に、京都の船問屋の大得屋長久は、紀州藩の御用菓子として「小原木」を作った。小麦粉の生地を薄く鉄板に敷いて、小豆餡を2つ折にして半円形に包んだもの。大原女が、頭に柴をのせた格好を模した焼き菓子である。京都でないのに京都をイメージした菓子に興味がもたれている。

麺類の特色

伊勢では、江戸時代以前に、農家で自家製の豆味噌からでる溜り醤油をうどんにかけて食べていた。これがこの地区でうどんが広まった始まりであるといわれている。溜り醤油に鰹節のだしを加えて食べやすくしたのが、現在の伊勢うどんのルーツである。

めんの郷土料理

手打ちの太くて軟らかいうどんを溜り醤油をベースにした汁（伊勢うどんでは「汁」を「たれ」という）をつけながら食べる。伊勢うどんの釜揚げは、トウガラシをかけて食べるとおいしい。

①伊勢素麺

「大矢そうめん」ともいう。江戸時代から四日市の大矢地区の良質の小麦粉で作る手延べ素麺で、コシがある。

②大矢知素麺

四日市大矢知の手延べ素麺。伊勢素麺ともいう。

▶ 知事が命名した超極早生ミカン「みえの一番星」

くだもの

地勢と気候

三重県は、東西約80km、南北約170kmで、県土は南北に細長い。県のほぼ中央を通る中央構造線を境に、北部は伊勢湾を望む平地・丘陵地を経て、養老、鈴鹿、笠置、布引などの山地・山脈、伊賀盆地へとつながっている。南部は、志摩半島から熊野灘に沿ってリアス海岸が続きその背後には起伏に富んだ紀伊山地が迫っている。

このように、地形が複雑なため気候は地域によって大きく異なる。熊野灘沿岸は県内で最も温暖で、雨が多い。特に、尾鷲から、奈良県の大台ヶ原山系一帯は多雨地帯として知られる。上野盆地は、気温の年間や一日の変化が大きく、年間を通して霧が発生しやすい。伊勢平野には冬季、北西の季節風である「鈴鹿おろし」が吹く。

知っておきたい果物

ウメ

ウメの栽培面積の全国順位は21位、収穫量は5位である。主産地は御浜町、南伊勢町、津市、熊野市などである。出荷時期は5月上旬～6月下旬頃である。

五ヶ所湾に臨む南伊勢町の「五ヶ所小梅」は「みえの伝統果実」に選定されている。真珠のようだということで「パール小梅」の愛称もある。小梅としては大粒である。出荷は県内の市場が中心である。

ミカン

ミカンの栽培面積、収穫量の全国順位はともに11位である。主産地は御浜町、尾鷲市、紀北町、熊野市などである。出荷時期は7月上旬～4月下旬頃である。

「みえの一番星」は、県農業研究所が育成し、2008（平成20）年に品種登録された「みえ紀南1号」である。御浜町生まれの「崎久保早生」と「サマーフレッシュ」を交配して育成した。県の主力品種である「崎久保早生」より1週間早く9月中旬頃から収穫できる超極早生ミカンで、当時の知事が命名した。

「五カ所みかん」は南伊勢町五カ所地域で、マルチ栽培によって収穫した温州ミカンである。

カキ カキの栽培面積、収穫量の全国順位はともに13位である。主産地は多気町、玉城町、松阪市、伊勢市などである。出荷時期は9月上旬～12月下旬頃である。

「蓮台寺」と「前川次郎」は「みえの伝統果実」に選定されている。「蓮台寺」は渋ガキで、300年以上前から伊勢市勢田町で栽培され、鳥羽市にも広がっている。1958（昭和33）年に伊勢市の天然記念物に指定されている。人のような名前の「前川次郎」は、「次郎」のもととなる品種である。多気町、玉城町などで栽培されている。

セミノール セミノールの栽培面積、収穫量の全国順位は、ともに和歌山県、大分県に次いで3位である。主産地は御浜町、紀宝町、南伊勢町などである。出荷時期は4月上旬～下旬頃である。

ナツミカン ナツミカンの栽培面積の全国順位は9位、収穫量は6位である。主産地は御浜町、尾鷲市、紀北町などである。アマナツミカンの出荷時期は3月上旬～5月下旬頃である。

不知火 不知火の栽培面積の全国順位は12位、収穫量は11位である。主産地は御浜町、熊野市、紀宝町などである。収穫時期は2月～4月頃である。

ビワ ビワの栽培面積の全国順位は17位、収穫量は15位である。栽培品種は「長崎早生」「茂木」「田中」などである。主産地は松阪市などである。収穫時期は品種によって異なるが、5月下旬～6月下旬頃である。

松阪市嬉野島田町で産出するビワは「島田ビワ」として知られている。

イチゴ イチゴの作付面積の全国順位は18位、収穫量は19位である。主産地は松阪市、伊勢市、玉城町、津市、志摩市などである。出荷時期は11月上旬～5月下旬頃である。

日本ナシ 日本ナシの栽培面積、収穫量の全国順位はともに21位である。主産地は津市、伊賀市、四日市市などである。出荷時期は7月上旬～9月下旬頃である。

キウイ　キウイの栽培面積の全国順位は27位、収穫量は26位である。産地は鈴鹿市などである。収穫時期は11月上旬～中旬頃である。

ブドウ　ブドウの栽培面積、収穫量の全国順位はともに28位である。主産地は伊賀市、名張市、津市などである。出荷時期は7月上旬～9月下旬頃である。

クリ　クリの栽培面積の全国順位は32位、収穫量は28位である。産地は津市などである。収穫時期は9月中旬～10月下旬頃である。

イチジク　イチジクの栽培面積の全国順位は31位、収穫量は25位である。主産地は鈴鹿市、松阪市、津市などである。出荷時期は9月上旬～10月上旬頃である。

桃　桃の栽培面積の全国順位は、茨城県と並んで40位である。収穫量の全国順位は41位である。産地は津市などである。収穫時期は6月中旬～8月下旬頃である。

ブルーベリー　ブルーベリーの栽培面積の全国順位は41位、収穫量は44位である。主産地は度会町、津市などである。収穫時期は7月中旬～8月下旬頃である。

津市では「白山のブルーベリー」を生産している。

サマーフレッシュ　ナツミカンとハッサクの交配でつくられた。独特の舌触りと風味のある品目である。御浜町の御浜農地開発団地で栽培されており、産地は御浜町など紀南地域である。農林統計によると、主な生産地は三重県だけである。収穫時期は6月上旬～7月下旬頃である。

シュンコウカン　春光柑と書く。農林統計によると、主な生産地は三重県だけである。主産地は御浜町、熊野市などである。収穫時期は3月～5月頃である。春光柑は和歌山県新宮市出身の作家、佐藤春夫が命名した。外皮の色が春の光を思わせるように淡い。

ニイヒメ　新姫と書く。農林統計によると、主な生産地は三重県だけである。主産地は熊野市である。ニイヒメは、熊野市の天然記念物である「ニホンタチバナ」とミカン類の交雑種として発見され、1997（平成9）年に熊野市が品種登録し、命名した。同市は2006（平成18）年度から産地化に向けて苗木を増産し、市民に無償配布して生産拡大に努めた。2014（平成26）年の栽培面積は8ha、収穫量は48トンである。

熊野市ふるさと振興公社は果実を買い取り、ポン酢などの加工品としても販売している。

メロン

名張市美旗（みはた）とその周辺地域で生産されたメロンは「美旗メロン」として地域ブランドに登録されている。美旗メロンは1995（平成7）年に公民館でのサークル活動として始まり、2005（平成17）年にJAの部会となり、地域の特産品を目指して活動してきた。

マイヤーレモン

マイヤーレモンはメイヤーレモンともいう。レモンと、オレンジかマンダリンが自然交雑して誕生した。主産地は御浜町、紀宝町などである。収穫時期は10月上旬～1月下旬頃である。紀宝町には、農事組合法人紀宝マイヤーレモン生産組合がある。

平成ミカン

清見と温州ミカンの交配でつくられた。収穫時期は1月下旬～2月下旬頃である。全国的に生産量は少ない。主産地は御浜町、新宮市などである。

ヤマトタチバナ

もともとは鳥羽市答志島などに自生していた。500円玉程度の小果である。香りが強く、生食より、果汁、果皮、葉などを調味料の原料などに利用している。鳥羽商工会議所は農工商連携として新商品の開発に力を入れている。果実や葉の香りがよく、古来から「非時香果（ときじくのかぐのこのみ）」、すなわち「永遠に香っている果実」として珍重されてきた。ヤマトタチバナは鳥羽市の木でもある。

カラ

晩生のマンダリンで、カラマンダリン、カラオレンジともいう。主産地は御浜町など紀南地域である。出荷時期は4月中旬である。

地元が提案する食べ方の例

柿ようかん（玉城町）

砂糖を加え布巾でこした寒天液を、つぶあんと混ぜて煮、水をはったボウルの上で冷ます。流し箱の内側を水で濡らして、これを入れ、皮をむき小さく切ったカキを加え、冷やして固める。

柿フリッター（玉城町）

卵の黄身は砂糖、バターを混ぜ、牛乳で緩める。白身は硬めに泡立てる。これらを泡が消えないように混ぜ、衣にする。輪切りのカキに小麦粉をまぶし衣をつけて油で揚げ、粉砂糖を振る。

柿パイ（玉城町）

強力粉、薄力粉でパイ生地をつくる。生地に、厚さ2mmのくし形に切ったカキを立てるようにしてのせ、別のパイ生地でふたをし、縁をくっつける。全体に卵黄を塗り、180℃で約25分焼く。

イチゴのプチタルト（JA全農みえ）

市販のタルトにチーズのマスカルポーネ、粉糖、レモン果汁を混ぜ合わせて入れ、へたをとったイチゴをのせて器に盛る。材料はイチゴ10個、マスカルポーネ100gなど。

イチゴサンド（JA全農みえ）

ボウルに生クリーム、砂糖を入れ、泡立て器で八分立てにしてホイップクリームをつくる。食パンの片側に塗ってイチゴを並べる。同じクリームですき間を埋めて別のパンで挟み、切る。

消費者向け取り組み

- ほほえみかん　JA三重南紀、熊野市にある直売所

魚食

地域の特性

三重県は、近畿地方に南東部に位置し、東は伊勢湾・熊野灘に面する。遠州灘の海域は、渥美半島の伊良湖岬から御前崎に広がる海域である。渥美半島の伊良湖崎から御前崎に広がる海域の遠州灘は魚介類の種類も漁獲量も多い。御前崎沖には大陸棚、天竜川沖には海底谷がある。遠州灘には大小さまざまな河川が流入し、大陸棚であることから栄養分が多く、黒潮がもたらす恵みや温暖な気候によって、この海域は好漁場となっているのである。

伊勢湾の湾口、紀伊東部に位置する鳥羽は伊勢神宮の神事に必要な海産物の採集あるいは漁獲の拠点となっている。紀伊半島の東部や志摩半島は入り江が多く、リアス海岸を形成して、外洋性と内湾性の２つの性質をもつ海域は、真珠やカキの養殖のイカダが浮かぶ。熊野灘の海岸線は、入り江と断崖の紀伊長島や尾鷲、延々と続く七里美浜があり、磯魚や貝や藻類が生息している。熊野灘に面した三重県南部（志摩半島などの地域）は、歴史的にみても漁業を主体に営んできた地域である。

長良川は岐阜県北西部の大日ヶ岳に源を発し、岐阜市の北を通り、濃尾平野を南に流れ、三重県桑名市で揖斐川に合流し、伊勢湾に注ぐ。その他、安濃川、雲出川、櫛田川が伊勢湾の三重県側に注ぐ。

魚食の歴史と文化

日本の神社の総元締めとも呼ぶべき伊勢神宮がある熊野灘を有する三重地方は、伊勢神宮へ参詣する人々で賑わった。多様な地域から往来する人との交流が多くなった。安土桃山時代になると伊勢商人が目立つようになり、近江商人が伊勢に来るようになった。三重地方に馴れずしが発達したのは、滋賀の近江商人との交流も影響していると思われる。ここから多くの街道に沿って、各街道の食文化に影響を及ぼしている。

伊勢神宮ではアワビをとくに貴重としていた。今でも、アワビは高価な食べ物として取り扱っているのは、伊勢神宮のしきたりも影響していると考えられる。古くから神宮の神饌には、カツオ節や鮮魚のタイ、夏はスルメ、カマス、アジの干物などを供えていることから、季節の魚介類を神饌として利用するようにしている。熊野灘の人々は、季節の魚介類を利用し、生活を楽しんでいたと思われる。

志摩半島の英虞湾（あごわん）は古くから天然真珠の産地として知られていた。御木本幸吉（1858～1954）は、1896（明治29）年に、三重県多徳島に真珠の養殖を開設し、1906年に世界初の真円真珠の養殖に成功した。その後、英虞湾を中心に真珠の養殖を行ってきた。

三重には古くから、脂の少なくなったアユやサンマの馴れずしが発達しており、日常的に利用されている。アユやサンマおよびご飯には、乳酸醗酵により生成された乳酸などが保存性をよくしている。現在の三重県のすし店が地産地消と街の活性化を目的として、「三重のすし街道」を立ち上げている。

知っておきたい伝統食品・郷土料理

地域の魚介類

遠州灘や熊野灘は黒潮にのってくるカツオ・マグロのほかブリが漁獲される。また伊勢湾ではイワシ、シラス、イカナゴ、カレイが漁獲される。伊勢のヒジキは千葉の房総のヒジキと同様に有名である。志摩半島のアワビ、サザエは海人・海士によって漁獲される。遠州灘沖も黒潮の影響があり、マグロ、カツオが漁獲され、そのほかにイワシ、アジ、サバ、シラスなどが漁獲される。カキ（的矢ガキ）が養殖されている。熊野灘を望む和歌山の大地町は、江戸時代から捕鯨の基地として栄えてきた。しかし、近年の自然保護や動物愛護の運動により、今後、捕鯨の問題が残る。

愛知県で最近注目されている魚介類には、トラフグ・サバフグ（日間賀（ひまか）島のフグ）、シラス（篠島のシラス）、アナゴ（南知多）、メヒカリ（蒲郡のメヒカリ）、マダイ（豊浜）、クルマエビ（三河湾）、アサリ（伊良湖の大アサリ）、カツオ（熊野灘）、マンボウ（紀北町）、サンマ（熊野灘）、イセエビ（伊勢えび）、クルマエビ（宝彩えび）、アワビ（志摩のあわび）、ハマグリ（桑名）、カキ（浦村のカキ、的矢ガキ）などがある。

伝統食品・郷土料理

①すし類

三重県や和歌山県では、馴れずしや押しずしが日常的に食卓に登場する。サバやサンマの馴れずしがある。

- さんまずし　サンマをご飯の上にのせて作る姿ずしである。三重県の尾鷲市より南の地区で、祭りや正月など祝事の日に家庭で作られていた。
- てこねずし　出漁中の漁師が船上で獲ったばかりのカツオなどを手でちぎり、醤油や塩味をつけてすし米に手でこねたという、即席の磯料理である。

②ホウボウ料理

三重県、愛知県の沖合で漁獲される。冬が旬。鍋物、汁の実、蒸しもの、揚げ物、刺身で食べる。

③ヘダイ料理

尾鷲で漁獲され、刺身、塩焼き、天ぷらなどで食べる。

④マンボウ料理

遠州灘の沖合で漁獲される。刺身のほか、湯がいて酢醤油やからし醤油で食べる。

⑤ブダイ料理

遠州灘の沖合で漁獲されることもある。イガミの別名があり、この煮つけは紀伊半島では郷土料理である。

⑥フグのかす汁

シロサバフグの鍋で干したダイコンと粕を入れることにより甘みが増す。近年、伊勢湾を含む遠州灘から熊野灘にかけてトラフグが獲れるようになっているので、この海域のブランド魚として流通している。

⑦イセエビの吉野揚げ

イセエビの身をとりだし、卵白に浸してから、クズをまぶして揚げる。三重県伊勢志摩市浜島町では、毎年10月1日のイセエビの解禁日に水揚げされたイセエビは、初ものとして伊勢神宮に奉納している。

⑧ハマグリ料理

- 焼きはまぐり　桑名の焼きはまぐりは、奈良・平安の頃から行っている料理で、松葉で火を起こし、松かさの火で焼いたものである。磯の香りと松の香りが調和して美味しい。

- 時雨はまぐり料理　ハマグリの佃煮。時雨ハマグリに番茶をかけて「時雨茶漬け」も有名である。四日市市の楠町（くすちょう）ではハマグリの畜養が盛んである。
- はまぐりご飯　生のハマグリのむき身を炊き込むご飯と殻つきのハマグリを茹でて、その茹で汁でご飯を炊く場合とがある。

⑨的矢（まとや）カキ料理

的矢で養殖されるマガキで、無菌カキである。紫外線で殺菌した海水の中で約1日おいてから出荷したもの。志摩半島のリアス海岸を利用してカキの養殖を始めたのは、1930年代である。1963年には、紫外線を照射した無菌海水で、養殖カキを一定期間飼育しでカキの無菌化に成功した。

⑩いな饅頭

蟹江町の郷土料理で、イナの呼び名のあるボラの幼魚を使った料理。刻んだシイタケ、ギンナン、ユズなどを豆味噌・みりん・砂糖で調味し、内臓を除いたイナに詰めて、姿焼きにしたもの。保存食ともなる。

⑪火場焼き（残酷焼き）

海女の火場焼き料理。志摩半島で獲れるイセエビ、アワビなどを炭火で焼いて賞味する。

⑫わかめ料理

少量のトウガラシを加えた赤味噌とワカメの和え物、天日で干したワカメの衣掛け、ワカメとウニを和えた「磯和え」、ワカメとサザエの酢の物、クルマエビのワカメ巻きなどがある。

⑬大敷汁

奥熊野地方の大敷とよばれる定置網で漁獲した魚を使った船上の汁もの。

⑭落とし汁

伊勢湾の煮干しをたっぷり使ったダシ汁に、干したシイタケを入れ、豆味噌のみそ汁。伊勢イモのおろしたものをスプーンで汁に入れ、三つ葉を散らして食べる

松阪牛のすき焼き

▼津市の１世帯当たりの食肉購入量の変化（g）

年度	生鮮肉	牛肉	豚肉	鶏肉	その他の肉
2001	38,051	10,172	13,654	11,918	970
2006	41,403	11,119	15,067	12,292	945
2011	45,809	8,165	17,334	14,913	1,372

近畿地区は日本の食文化に及ぼしている歴史的背景が多い。三重県の伊勢神宮は神饌という神への供え物の源となる儀式があり、滋賀県は日本の鮨のルーツといわれている「ふなずし」、京都府は平安時代の宮中の年中行事に合わせた料理・寺院の精進料理・茶道の懐石料理など独特の食文化がある。三重県の松阪市周辺や伊賀地方では、畜産業として肉用牛、すなわち「松阪牛」を飼育している。熊野の地鶏がシャモ系統であるのは、愛知県の養鶏の影響を受けているとも想像できる。三重県内でも、四日市市は豚肉の利用が多い。

2001年度、2006年度、2011年度の津市の１世帯当たり牛肉購入量は約8,000gから約11,000gで、東海地方の約2倍である。しかし、2011年度の牛肉の購入量は、東海地方や津市以外の近畿地方も少ない。これは、2001年に問題となった牛肉偽装事件が消費者の購買意欲を妨げているのか、2011年に起こった関西地方のホテルの食品表示違反などが関係しているのかと推測している。津市の牛肉の購入量は増えた反面、豚肉の購入量は少なくなっている。すき焼きでも焼肉でも美味しい高級な松阪牛肉は、三重県の人々の食生活を潤していると思われる。

知っておきたい牛肉と郷土料理

銘柄牛の種類

❶松阪牛

三重県を代表する美味しい牛肉は、松阪牛の「松阪牛肉」である。松阪

凡例　生鮮肉、牛肉、豚肉、鶏肉の購入量の出所は総理府発行の「家計調査」による

牛の飼育は、兵庫県から導入した優良素牛（黒毛和種）に、生産農家の自家配合による良質の飼料を与え、長期間肥育した未経産の雌牛である。肥育中には赤身と脂肪が細かく入り混じり、霜降り状の軟らかい高級肉に仕上げる。出荷月齢は28～36か月である。よい霜降り状になるようにビールを飲ませるとか、焼酎を霧状にして吹きかけるとか、マッサージをするといわれているが、丁寧に育てている。ステーキ、すき焼き、網焼き、カレー、しゃぶしゃぶなどすべての料理に向く。「切り落としの身肉」でも美味しく食べられる。松阪牛の飼料に使われている麦は脂肪を増やし、フスマは肉質を軟らかくし、大豆粕は艶出し、米ぬかはうま味などに関係するといわれている。

松阪牛は兵庫県の但馬牛のほか、全国各地から黒毛和種の子牛を買い入れ、三重県松阪市およびその近郊で肥育されたウシのことで、品種は黒毛和種、肥育地が松阪市ということである。松阪市およびその近郊で肥育された黒毛和種でも規格基準から外れた肉質（枝肉）は、松阪牛といわれない。江戸時代に、農耕用の役牛として但馬国の雌（但馬牛）を飼育していたことから松阪牛と但馬牛は密接な関係が続いている。但馬やその他から買い入れて肥育した牛が松阪牛の呼称があるのは、肥育の方法に松阪牛に育てるためのノウハウがあるからである。ウシの健康状態を見極め、飼料を配合し、食欲増進にビールや焼酎も与える。3年間惜しみなく丁寧に育てる。きめ細やかできれいな霜降り肉は、軟らかく脂肪には甘みがある。

伊勢･松阪地域を中心に肥育されたウシは、第二次世界大戦前までは、「伊勢牛」とよばれ、その肉は「伊勢肉」とよばれていた。その後、雲出川と宮川の間で肥育された伊勢牛が松阪牛といわれるようになった。松阪牛の名が広まるにつれて伊勢牛の名が消えていった。

すき焼きが最も美味しさを味わうことができる料理である。しゃぶしゃぶ、焼肉でも松阪牛の美味しさに満足できる。すき焼きでも焼肉でも口腔内に入れると溶けてしまう食感である。

❷伊賀牛

松阪牛とともに三重県が誇る最高級の肉質をもつ黒毛和牛である。伊賀地域の生産農家に出向いて１頭１頭吟味し、生きているウシを買い付けて流通する。

❸みえ黒毛和牛

JA 全農と指定生産牧場が協同で取り組んで肥育している。

❹鈴鹿山麓和牛

鈴鹿山麓の豊かな自然環境の中で肥育している黒毛和牛。1990（平成2）年から生産を始めている。

❺みえ和牛

三重県と滋賀県の県境の鈴鹿山麓で、「手ごろな価格」で購入できる肉質の黒毛和牛を肥育している。

❻加茂牛

生協のオリジナルブランド。乳牛の雄を鳥羽市加茂地区で飼育している。生産者と生協の組合員が結ばれることを条件に飼育している産直用のウシである。

牛肉料理

松阪牛の肉料理としては、すき焼きが人気である。焼肉では、七輪の炭火で一枚一枚焼き過ぎないようにし、高級肉の味を損なわないようにする。伊賀牛は、「肉の横綱」といわれ、ステーキ、網焼きは肉の甘みが引き立つ。内臓を使ったホルモン料理（網焼き、煮込み料理）も人気料理である。結婚式の披露宴には松阪牛の料理が提供される場合が多い。

- **備長炭で焼くすき焼き**　すき焼き用鍋に牛脂を敷き、牛肉→砂糖→醤油→割り下の順に入れて加熱調理をする。牛肉のほかの食材はタマネギ・長ネギ・春菊・白滝・焼き豆腐などを使う。肉に付け合わせる具は、ザクといい、一般には、牛肉とザクは別々に加熱調理する。
- **松阪牛の漬物**　味噌漬け、佃煮などがある。

知っておきたい豚肉と郷土料理

銘柄豚の種類

松阪牛はよく知られているが、ブタについても大小さまざまな養豚業者がいる。あるいは、農協などに協力した養豚業者もいる。

❶三重クリーンポーク

ブタ1頭当たりの飼育スペースに余裕を持って飼育している。

❷みえ豚

飼料に、ビタミンE、広葉樹から調製した木酢を活性炭に混ぜているのが飼料の特徴としている（みえ豚の養豚農家は、木酢を混ぜた活性炭の効果について豚肉特有の臭みが消え、木酢は健康状態をよくするといっている）。ビタミンEも健康なブタに育てるために加えている。

豚肉料理

一般に知られている料理（トンカツ、ハンバーグ、ソテー、串焼き、煮込み料理など）が多い。三重クリーンポークは焼肉に適し、焼いてもジューシーで軟らかいのが特徴である。四日市の「とんてき」では、豚のロースを焼き、ニンニク風味のソース味タレを付けるのが定番である。養豚農家が「農場レストランこぶたの家」を開き、各種の豚肉料理を提供している。とくに、トマトとチーズをのせたハンバーグが人気である。内臓は「ころ焼き」や「煮込み」などのホルモン料理に使う。

- **豚丼**　伊勢市の「豚捨」という精肉店は、牛肉のすき焼きが専門の料理店も経営している。牛肉のすき焼きがあまりにも美味しいところから、「豚肉なんて捨てちまえ……」といい豚肉を捨ててしまう客もいたらしい。この店を経営していた人の名が捨吉といったという。この名前と豚肉を捨てることから「豚捨」とうい屋号で、牛肉のすき焼きだけでなく、捨ててしまう豚肉を利用した豚肉料理も提供するようになった。豚肉のすき焼き、焼肉などのメニューの中に、豚丼も提供するようになってから「豚丼」がこの店（豚捨）の看板メニューとなっている。現在も人気である。

知っておきたい鶏肉と郷土料理

熊野地鶏、奥伊勢七保どり（チャンキー）、赤鶏（あかどり）、伊勢赤鶏、伊勢鶏などがある。全体として羽が褐色の赤系の鶏が多い。

❶熊野地鶏

世界遺産の熊野古道、日本一といわれる棚田、丸山千枚田などがある豊かな自然環境の、ストレスも受けない中で平飼いされている美しい赤系の地鶏である。地元の谷からとりあげるミネラル豊富な水を飲み水として与えている。鶏肉のもつうま味とコクが味わえる肉質である。

鶏料理

鶏肉をキジの肉に見立てた料理の「きじ鍋」が郷土の鶏の料理である。栄養のバランスもよく、あっさりした美味しい鍋である。その他、一般に知られている鶏料理（焼き鳥、から揚げなど）がある。刺身、たたきなどの生食を提供している料理店もある。

知っておきたいその他の肉と郷土料理・ジビエ料理

三重県も野生の鳥獣類による山林の被害や環境保全のため、農家が栽培している野菜類被害を抑制するために、猟師による野生の鳥獣の捕獲による生息数の調整を試みているが、なかなか計画どおりには進んでいない。そこで、捕獲した野生の鳥獣の利用を目的とし、「みえジビエ」の品質・衛生管理のマニュアルを作成し、関係者にジビエが安全・安心のもとで使用できるような計画をたて、実施している。「みえジビエ料理フェア」なども開き、一般の人にもジビエの利用の普及も計画している。

とくにシカよる食害が多くなり、生存数の調整のために捕獲したものの利用が考えられている。シカ肉を利用した「みえジビエ」として「シカ肉のステーキ」「シカ肉の角切りのピリ辛味」「シカ肉のハンバーグ」「シカ肉モモスライス」などがある。

- **猪鍋（しし鍋）**　ジビエ料理として、古くからあるイノシシの味噌仕立ての鍋料理がある。八丁味噌で味付ける。
- **僧兵鍋**　湯の山温泉地帯の郷土料理。豚骨でとっただし汁にイモ類や野菜やシカ肉、イノシシ肉を入れ、味噌仕立てにした鍋。天台宗三岳寺の僧兵が利用した鍋である。
- **鹿肉のカレー**　三重県、三重大学と地元の食品会社の共同のもとで開発したのが「鹿肉のカレー」である。2014（平成26）年の新学期に、三重大学の生協で「三重大学［欧風］カレー」を提供している。
- **鹿肉の炭火焼き**　鹿肉は牛肉に似ているので、炭火焼、バーベキューの食材として利用されている。
- **鹿刺し**　三重県の冬のシカの刺身は人気らしい。三重県に鹿刺身を提供する店は18店もある。ルイベ（凍結した肉の刺身）として提供している。寄生虫の感染予防のためにも、いったん－20℃以下に冷凍するほうが安全である。長島温泉の旅館では、冬になると鹿刺身を提供する。

▼津市の 1 世帯当たり年間鶏肉・鶏卵購入量

種　類	生鮮肉（g）	鶏肉（g）	やきとり（円）	鶏卵（g）
2000年	36,834	10,188	1,028	35,176
2005年	29,966	9,411	910	30,357
2010年	44,141	14,775	930	32,274

三重県は、近畿地方の南東部に位置し、東は伊勢湾・熊野灘に面し、海の幸に恵まれ、魚介類を使った郷土料理は多い。県庁所在地の津は、古くは伊勢海（現在の伊勢湾）を臨む安濃津（あのつ）の港といわれた城下町であった。三重県の名の由来は四日市に県庁がおかれていた当時の「三重郡」に由来する。四日市の名は工業地帯のイメージが強いが、伊勢神宮のある地域ときけば、江戸時代には、全国から「お伊勢参り」に出かけるほど注目されていた。古くから、伊勢志摩半島の海域で魚介類は伊勢神宮の献上物として重要であった。三重県は気候温暖なこと、大阪・名古屋などの大消費地が近いので、コメ（伊賀コシヒカリ）や伝統野菜も含めさまざまな野菜を中心に栽培されている。

有名な松阪牛肉は、但馬・丹波・近江地方の幼牛を松阪の飼育場で、飼料のほかに、ビールを飲ませ、体全体に焼酎を吹きかけながらマッサージをして赤身と脂肪が細かく入り混じる霜降り状態のやわらかい高級肉に仕上げたものであることはよく知られている。伊賀市・名張市の黒毛和牛の生産農家で、ストレスを与えずに健康に肥育した処女牛の伊賀牛も、「肉の横綱」といわれる肉質の良いことで有名である。

地鶏・銘柄鶏には、伊勢地鶏、赤鶏、伊勢どり、伊勢赤どり、純どり、奥伊勢七保どり、錦爽どり、熊野地鶏、伊勢二見ヶ浦夫婦地鶏などがある。伊勢の銘柄鶏の飼育は、愛知の銘柄鶏名古屋コーチンや三河どりを飼育している丸トポートリー食品が飼育しているものもある。その他、伊勢特産鶏普及協議会などが飼育している。どの銘柄鶏もしっかりした肉質で弾力性がありうま味成分の多い鶏の飼育を工夫している。また、世界遺産や棚田のある自然環境で健康な鶏にすべく努力している。熊野地鶏については、世界遺産の熊野古道や、日本一の棚田の「丸山千枚田」のある自然環境で、さらにストレスのない環境で成長した美しい地鶏であることで知られている。

県庁所在地の津市の1世帯当たりの2000年、2005年、2010年の生鮮肉、鶏肉、鶏卵の購入量は、ほかの県庁所在地の1世帯当たりの購入量とほぼ同じである。ただし、ほかの県庁所在地の1世帯当たりの購入量にみられるように、2005年のそれは少なくなっている。

やきとりについて、各年の購入金額をみると、非常に少なく、900～1,000円である。このことは、やきとりを専門店やスーパーで買って、家庭で食べる習慣はあまりないと推察している。

知っておきたい鶏肉、卵を使った料理

- **キジ鍋**　県南西部の紀和町特産の雉を使った郷土料理。昆布と鰹のだし汁で雉肉やねぎ、白菜、豆腐、ニンジン、しいたけ、しめじなどの野菜を入れて作る。恵まれた自然の中で放し飼いにして飼ったキジ肉は、ほど良い歯ごたえと旨味が濃い。鶏肉に比べて脂が少なく淡白でカロリーも半分ほど。また、カリウムやリンといったミネラルも豊富。他にも、キジの鉄板焼き、すき焼き、釜飯、キジ丼、キジ重などが味わえる。
- **けんけん丼**　紀和町特産の雉を使ったキジ丼。たれに漬け込んだキジの肉を照り焼きにしてご飯に載せた丼物。名前は雉の鳴き声「ケーンッ、ケーンッ」に由来する。
- **僧兵鍋（そうへいなべ）**　武家政治の横暴に対して寺院が自衛のために武装したのが僧兵の始まり。県北部に位置する山岳寺は、山岳信仰の拠点であり多くの僧兵が集った。この僧兵が戦のスタミナ源として食べていたのが“僧兵鍋”。山鳥やイノシシ、鹿の肉と、とうふや椎茸、竹の子、白菜、ねぎといった季節の野菜、ワラビやフキなどの季節の山菜などたくさんの材料を豚骨のスープで煮た野趣あふれる鍋。織田信長に攻められた際に果敢に戦った僧兵の功績をたたえる「僧兵祭り」が毎年10月に行われている。現在は恋の縁結びの「折鶴伝説」も有名に。僧兵鍋は、和歌山根来寺周辺や滋賀比叡山延暦寺周辺にも残っている。

卵を使った菓子

- **絲印煎餅**（いといんせんべい） 三重県伊勢市、小麦粉に卵、砂糖を混ぜて薄く丸く焼いた小麦の煎餅。卵の配合割合が多く、コクと香りが良い。明治天皇が日露戦争の戦勝報告のために伊勢神宮を参拝された際に、播田屋2代目が創作した菓子で、一枚一枚にいろいろな印影の絲印が焼き付けられている。絲印とは、室町時代から江戸時代にかけて、中国の明から輸入した生糸の荷札に押された、印影に特徴のある印のこと。
- **かぶら煎餅** 桑名市の銘菓。小麦粉、砂糖、卵を合わせた生地を、カステラ風に焼いた焼き菓子で、根菜のかぶら（かぶ）の形をしている。かぶらは、藩主松平定信がこよなく愛した。とくに、かぶらの絵が描かれた丸盆は、桑名盆として幕府にも献上された歴史があり、今も特産の工芸品となっている。

地　鶏

- **伊勢地鶏** 在来種。天然記念物。原産地：三重県。三重で昔から飼われていた古い日本の地鶏。三重地鶏、猩々地鶏（しょうじょうじどり）ともよばれる。昭和16年に“岐阜地鶏”と“高知地鶏”とともに天然記念物に指定された。なお、天然記念物に指定されている地鶏は、“岩手地鶏”を含めて4種類だけである。
- **熊野地鶏** 体重：雄平均3,400g、雌平均3,100g。県の畜産研究所が「日本一の美味しい高級地鶏を」と、三重県原産の八木戸軍鶏とニューハンプシャーを交配した雄に名古屋コーチンの雌を交配して作出。世界遺産の「熊野古道」や丸山千枚田などの豊かな自然環境で平飼いにして育てる。1m^{2}当たり10羽以下のゆったりとした飼育密度で、熊野地域で採れた飼料用米を加えた専用飼料で飼育。肉質は赤みが強く弾力性に富み旨味成分を多く含み鶏本来のコクと風味がある。生産組合と県、熊野市が協力して「熊野地鶏」のブランド化を進めている。飼養期間は平均115日間と長い。熊野地鶏生産組合が生産する。
- **松阪地鶏** 体重：雄平均3,000g、雌平均2,600g。三重県原産の八木戸軍鶏とニューハンプシャーを交配した雄に名古屋コーチンの雌を交配して作出。平飼いで飼養期間は平均110日と長い。歯ごたえがあり地鶏の旨味が強い。地主共和商会が生産する。

- **伊勢二見ヶ浦夫婦地鶏**　体重：雄平均2,700g、雌平均2,200g。肉質は赤みが強く弾力性に富みかつジューシー。飼料に地元産の“伊勢ひじき”を配合することで鶏肉特有の臭みのない深い味わいの絶品鶏肉になる。平飼いで飼養期間は平均110～120日間。県の科学技術振興センターが三重県原産の八木戸軍鶏とニューハンプシャーを交配した雄に、名古屋コーチンの雌を交配して開発。山川商店が生産する。

銘柄鶏

- **奥伊勢七保どり**　体重：平均3,200g。木酢液を加えた専用飼料を給与し、のんびり飼育する。肉は低脂肪で鶏特有の臭みが少なく風味がある。平飼いで飼養期間は平均53日間。解体作業も自社の食鳥処理場で一羽一羽丁寧に手作業で行い、包装も真空チルドパックではなく生での流通にこだわっている。鶏種はチャンキー。瀬古食品が生産する。
- **伊勢赤どり**　体重：雄平均3,100g、雌平均2,900g。三重県内の指定農場で、専用飼料に木酢液を添加することで鶏肉特有の臭いをなくし丹精込めて育てた。低脂肪で特有の旨味のある鶏肉。平飼いで飼養期間は平均75日間。レッドコーニッシュの雄にニューハンプシャーの雌を交配。伊勢特産鶏普及協議会が生産する。

たまご

- **有精美容卵**　大自然に囲まれた三重の秘境の勢和村で、太陽を十分浴び空気の澄んだ息吹く中で、天然飼料に井戸水を与えて産まれた有精卵。有精美容卵に含まれるレシチンは、皮膚の代謝を活発にし、いつまでも艶やかな肌を保つ。地主共和商会が生産する。
- **大地のめぐみ**　健康な鶏から健康な卵が産まれるを合言葉に若手養鶏家が健康な親鶏づくりから取り組んだ卵。餌を工夫することで、黄身と白身に張りと盛り上がり出て、コクと旨みをプラスした。輝くような黄身が自慢。三昌鶏卵が生産する。

県鳥

シロチドリ、白千鳥（チドリ科） 夏鳥、一部留鳥。名前の由来は、何百何千の大群を作るので、たくさんを意味する"千"の千鳥と、鳴き声が"ち"と鳴く鳥といわれる。千鳥足、千鳥格子、家紋など多くのところで使われる。昔は群れ飛ぶ小鳥のことを総称して千鳥といった。昭和47年に県の鳥に指定。県内の木曽岬町から二見町にかけての海岸で見られるが、近年その数は減少している。

汁　物

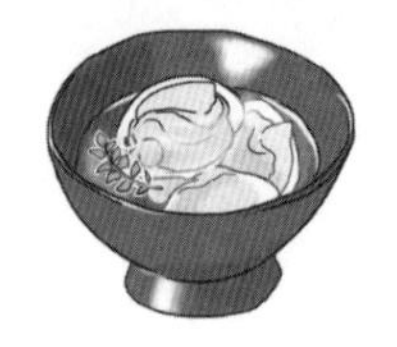

汁物と地域の食文化

三重県は、江戸時代までの伊勢、志摩、伊賀の国に熊野の一部が含まれている。伊勢、志摩、熊野は、伊勢湾、熊野灘に面しているので海の幸に恵まれ、沿岸漁業も盛んである。海の幸を利用した料理は多い。桑名のハマグリや伊勢の沿岸のシラウオ漁は昔から知られている。伊勢湾に流入している多数の河川は美味しい「桑名のハマグリ」の生産地であり、将軍家にも献上された。季節になれば、各地で作られる「ハマグリの潮汁」は、ここ伊勢湾では格別に美味しい汁物であった。

イセエビは、伊勢湾の代表的エビで、その立派な形、美しい外観の色は、伊勢神宮の立派な神饌となっている。ハレの日には、1尾まるごとの「イセエビ味噌仕立ての汁物」は、料理そのものの外観だけでなく味も良い。伊勢湾ではタビエビ、クツエビなども獲れ、汁物の具にもする。

伊勢・志摩の磯に自生している亀の手、フジツボ、シッタカ貝などを材料として無造作に作られる味噌仕立ての「磯の貝の味噌汁」は、漁師の家庭では、今でも受け継がれている。素朴で、野趣に富んだ料理に、尾鷲地方の定置網で獲れた魚を使う「大敷料理」、鳥羽の潮がひいたときに竿を立てて囲いをつくり、その中で跳ねている魚を使った「楯干し汁」がある。伊勢地方の一向宗の伊勢講の時に供される「御講汁（おこうしる）」は、精進料理の一品でダイコン、豆腐、油揚げなどを入れたお粥である。

汁物の種類と特色

熊野灘の海の幸に恵まれている三重の郷土料理は、魚介類を使ったものが多い。また、太陽を神格化した天照大御神を祀る伊勢神宮（正式には「伊勢」はつかないといわれている）には、神饌として奉納される魚介類や農作物が多いことから、それらの食材の郷土料理も多い。

郷土料理の中の汁物には、定置網で漁獲した魚を利用した漁師料理の味

凡例　1世帯当たりの食塩・醤油・味噌購入量の出所は、総理府発行の2012年度「家計調査」とその20年前の1992年度の「家計調査」による

噌汁の「大敷き汁」、淡水魚のコイの「鯉こく」、山間部で捕獲したイノシシの「しし鍋」、松阪牛の「すき焼き」、ヤマイモ（伊勢いも）の摺ったものを澄まし汁に流し入れた「伊勢芋落とし汁」、マコモタケと水団の入った「マコモひっつみ汁」、熊野灘の沖合で漁獲したカツオの粗の味噌仕立て「カツオの粗汁」、伊勢講の時に供されるダイコンのみそ汁でダイコンを鼈甲（べっこう）色になるまで煮た「御講汁」などがある。また、古くから濃尾平野を流れてきた三大河川の河口に当たる桑名がハマグリ産地であることは古くから有名で、数々のハマグリ料理のある中で、汁物として「ハマグリの吸物」がある。

食塩・醤油・味噌の特徴

❶食塩の特徴

「岩戸の塩」は、伊勢神宮のみそぎ浜として知られている二見浦の近くから汲み取った海水で作ったものである。「真珠の塩」は、熊野灘のリアス海岸の五ヶ所湾の入口の相賀浦で汲み取った海水で作っている。

❷醤油の特徴

伊勢平野の中京地区に接しているので、味の濃厚な「たまり醤油」が使われている。京風料理を好む人や料理店では、淡口醤油を使うところもある。関東の濃口醤油も利用されている。「伊勢醤油」は大豆だけで仕込む伝統的な醸造法で作る「たまり醤油」である。脂肪の少ないサンマを深層水塩だけで漬け込む「サンマ醤油」もある。

❸味噌の特徴

豆味噌（八丁味噌）の利用が多い。甘みのある麦味噌も利用されている。

1992年度・2012年度の食塩・醤油・味噌の購入量

▼津市の1世帯当たり食塩・醤油・味噌購入量（1992年度・2012年度）

年度	食塩（g）	醤油（mℓ）	味噌（g）
1992	2,666	11,966	9,156
2012	1,888	6,364	4,235

▼上記の1992年度購入量に対する2012年度購入量の割合（%）

食塩	醤油	味噌
70.8	53.2	46.2

津市の2012年度の食塩・醤油・味噌の購入量が20年前の1992年度の購入量に比べれば、減少している。生活習慣病の予防のための塩分摂取の減少も一因があると思うが、市販の加工食品、調理済み食品、冷凍食品、宅配料理、弁当などを利用するとき、味付けしてあるか、ソースや醤油が付いているので、家庭に用意してある食塩、醤油、味噌などの調味料を使わなくてもよい機会が多くなったことも大きく影響していると思われる。とくに、共働きなど忙しい家庭では、家庭で料理することなく、家族で外食する機会が増え、市販の惣菜で食事をしてしまうことが多くなったことも考えられる。

食塩の利用については、梅の産地の和歌山に近いことから、梅干しなどの漬物を作るための食塩の購入量も関係しているようである。

地域の主な食材と汁物

三重県は、大阪市や京都市などの大消費地に近く、気候に恵まれた地の利を活かし、農業は発達してきている。コメ（伊賀コシヒカリ）、野菜類の他、熊野灘が温暖で傾斜のある地形なので太陽光線の恵みを受けやすいことからかんきつ類もブランド果物を生み出している。熊野灘、伊勢湾の漁港には黒潮の海流にのってくるカツオやマグロも水揚げされる。

志摩半島の周囲の島々のマダイ、イセエビ、アワビなどは伊勢神宮への奉納のために用意されるものもある。内陸部には、近江商人によってもたらされた松阪牛、伊賀牛、伊賀コンニャクなど郷土料理の素材が多い。

主な食材

❶伝統野菜・地野菜

伊勢いも、三重ナバナ、赤ズイキ、朝熊（あさま）小菜、松阪赤菜（まつさかあかな）

❷主な水揚げ魚介類

（黒潮）カツオ、マグロ類、ブリなど。（伊勢湾）イワシ、シラス、イカナゴ、カレイ、アサリ、イセエビ、ヒジキなど。桑名のハマグリ。志摩半島のアワビ、サザエなど。

❸食肉類

松阪牛

主な汁物と材料（具材）

汁　物	野菜類	粉物、豆類	魚介類、その他
お講じる	ダイコン		味噌汁
伊勢芋落とし汁	三つ葉	山芋（擦りおろして澄まし汁へ）	だし汁、淡口醤油（澄まし汁）
マコモのひっつみ汁	マコモ、トウガン、ニンジン、ゴボウ、ネギ、干しシイタケ	乾燥大豆（水で戻す）	だし昆布
カツオ粗汁			カツオの粗、味噌仕立て
ハマグリ吸物			ハマグリ（桑名）、潮汁

郷土料理としての主な汁物

- **大敷汁**　定置網（大敷）で漁獲した魚を具にした味噌汁の漁師料理である。新鮮なサバ、イカ、ソウダガツオ、アジが入り、美味しい味噌汁である。お目出度いときには、イセエビを使うこともある。
- **キュウリの冷や汁**　農作業を終えた暑い日に、簡単に作れる冷えた汁物として利用される。現在も伊賀地方の上野地区では食べられている。温かいだし汁に味噌を入れて溶かし、冷ましておく。薄味の食塩水に薄くスライスしたキュウリを入れておく。すり鉢にゴマを入れて擦り、そこに味噌の入っただし汁を入れてよく混合し、この中に薬味とキュウリを水気を搾り取って加え、氷を入れて冷やす。これを熱々の麦ご飯にかけ、薬味をのせて食べる。味噌の香り、ゴマの香ばしさ、薬味の爽やかさと、冷たさで、暑さがしのげるご飯となる。
- **しし鍋**　山間のイノシシ肉を使った家庭の鍋料理。味噌仕立ての鍋にするが、味付けは各家庭によって異なる。
- **僧兵鍋**　湯の山温泉を中心に、天台宗の三岳寺の僧兵たちがスタミナ源として僧兵鍋を食べたと伝えられている。豚骨のだし汁の中にダイコン、ニンジン、ゴボウ、サトイモ、タケノコ、シイタケなどの季節の野菜、イノシシ肉を入れて煮込む、味噌仕立ての鍋である。

- **マンボウ料理**　東紀州では、マンボウが水揚げされると、刺身や酢味噌でも食べるが、すき焼き風にしても食べる。材料や作り方は牛肉のすき焼きと同じで、牛肉の代わりにマンボウの白身を使う料理。
- **まこもひっつみ汁**　菰野町では、マコモダケ（別名ハナガツミ）がたくさんとれ、その利用法として考えられたのが「マコモひっつみ汁」である。昆布やシイタケからとっただし汁にマコモダケ、鶏肉、季節の野菜、大豆（水戻し）などを入れて煮込む。ひっつみ（すなわち小麦粉の団子）は、最後に熱い汁の中に落とす。味付けは醤油仕立て。寒い日の屋外でも大勢で食べれば、体が温まる料理。
- **伊勢芋の落とし汁**　多気町が原産といわれる伊勢芋の擦りおろしを澄まし汁に落としたもの。伊勢芋のきめ細かさと強いねばりが、しっかりした団子になる。味噌仕立ての家庭もある。伊勢芋の特徴は、料理の過程でも、料理の後に放置していても褐色に変わらないことである。ポリフェノール含量が少ないか、含んでいないからである。
- **御講汁**（おこうじる）　御講とは、一向宗の報恩講（伊勢講）のことで、この時にダイコン・豆腐・油揚げを容器に入れ、蒸らしながら煮込む操作を３日間繰り返し続ける。ダイコンは鼈甲色に変わり、味もしみこむ。甘味とコクのあるダイコンが出来上がる。精進料理で、そのまま汁として利用する場合と、ご飯にかけて食べる場合がある。

伝統調味料

地域の特性

▼津市の１世帯当たりの調味料の購入量の変化

年　度	食塩（g）	醤油（ml）	味噌（g）	酢（ml）
1988	4,303	16,210	13,112	2,566
2000	2,016	9,339	7,984	2,877
2010	2,764	7,065	5,069	2,529

三重県に伊勢神宮がある。皇居関係の祀りごとを行うための最高の社格の位置づけの神社であり、ここだけが「神宮」といわれている。江戸時代の参勤交代においては、東西から人々が「お伊勢参り」をしたことにより東西の文化交流の地点でもあった。紀伊半島の東側半分を占め、その海岸はリアス海岸となっていて、漁港も多く、水産物が豊富であった。近海で獲れた魚介類は伊勢神宮の神饌として利用されている。また、志摩半島の沿海の静かな海面では、魚介類の養殖が盛んに行われている。カキやマダイなどの海の幸に恵まれ、松阪牛という銘柄牛の美味しい牛肉料理もあり、食べることに興味のある食通にとっては注目されている地域である。

江戸時代には、お伊勢参りの街道筋には旅人を相手にした「伊勢うどん」の店があった。また、四日市の大矢知地方には「伊勢そうめん」（別名、大矢知そうめん）がある。四日市地域は、昔から良質の小麦を生産し、冬の冷え込みが厳しく、雨量が少なく乾燥した気候の日が多いので、素麺の乾燥に適している。江戸時代から、大矢知で作るそうめんは、「伊勢白子そうめん」として知られている。伊勢うどんは軟らかく少し太めであるのに対して、素麺は三重の糸といわれるように細い麺である。麺類が発達すれば、麺を食べるための「つゆ」が必要となる。三重県では、「伊勢醤油」という「溜り醤油」が発達している。「溜豆油（たまり）・豆油（たまり）」ともいわれている。伊勢醤油は、豆味噌を作る過程で、味噌玉に種麹（たねこうじ）を撒布（さんぷ）して得た溜り麹に、塩を混ぜて発酵させると味噌の溜り液ができる。この味噌に近い醤油が伊勢醤油である。伊勢醤油の製造には鈴鹿山系の良質な地下水が適していることから、三重県の地産地消として注目したい醤油である。

三重県桑名のハマグリの美味しさは、古くから知られている。桑名は、木曽川・揖斐(いび)川・長良川の河口にあたる。各河川の河口では海水と淡水が交わり、内湾の浅い砂地は貝類の生息に適している。桑名のハマグリが非常に美味しいといわれるのは、桑名の河口の砂地は栄養豊富な砂地であるからである。「桑名の殿さん時雨で茶々漬け」とあるように、醤油の煮汁でつくるハマグリの時雨煮は江戸時代から有名であった。時雨煮をつくるにも醤油が必要となり、とろりとした粘性のある醤油が必要だったのである。

三重県の篠島には、海岸の岩に付着している小さな貝をみそ汁に仕立てる漁師料理がある。調味料としては味噌だけで、だしは具にしている貝から出ているので、わざわざだしをとらなくてもよい味噌汁である。

三重県の県庁所在地の津市の1世帯当たりの食塩や醤油の購入量は、同じ近畿地区に属する大阪、京都のそれと比べると、やや多い傾向にある。津市の食塩購入量から三重県全体の食塩購入量を推察するのは難しいが、三重県の保存食品の「伊勢たくあん」「タカナ漬け」などの食塩を使う食品との関係を推測している。

知っておきたい郷土の調味料

三重県は南北に長く、伊勢平野、伊賀盆地、紀州に大別され、それぞれが独自の食文化をもっている。また、伊勢神宮の所在地であるから神宮のしきたりの影響もみられる。

醤油・味噌

三重県の伊勢市は「美し国」というキャッチフレーズで、市全体の活性化を試みている。醤油については、伊勢平野は中京地区に接し、味の濃厚な「たまり」、「豆味噌（八丁味噌）」の利用が多い。上野（伊賀）盆地は関西圏に属し、京風の味付けが多く、この味付けに適した米味噌、淡口醤油を利用することが多い。紀州は甘味のある「麦味噌」と濃口醤油の利用が多い。

- **三重県の醤油・味噌の会社**　三重県の醸造会社は、醤油だけを醸造している会社もあるが、食酢、赤だし味噌、たまり醤油、たれ類を作っている会社がある。伊勢で生まれた伊勢醤油は、伊勢参宮街道、伊勢の食文化にもなくてはならないものである。伊勢醤油奉納式もある。安政3（1856）年創業の下津醤油㈱、伊勢醤油本舗㈱などが作っている。

　㈱糀屋は、プロの料理人を納得させる「職人仕様」の濃口醤油や赤だし味噌（豆味噌）を製造している。仕込み水は宮川の水を使い、非遺伝子組み替え丸大豆を使い、じっくりと発酵・熟成させた滋味あふれる味噌を作っている。

　伊賀の㈱福岡醤油店は創業して100年間伝統を守り続けて醤油を作っている。発酵・熟成は木桶で行い、すべてを手作りを続けている。福岡醤油店には「混合醤油」というのがある。これは醸造した醤油にアミノ酸液を加えて味を調整した醤油である。主に、九州地方で流通している。

　糀屋の味噌も非遺伝子組み替えの大豆を原料とし、豆味噌を作っている。

- **伊勢醤油**　大豆だけで仕込む伝統的な醸造法で作る「溜り醤油」。溜豆油（たまり）、豆油（たまり）といい、愛知県と同様に溜り醤油の生産地である。蒸煮して軟らかくなった大豆で作った味噌玉に種麹を撒布する。この状態の味噌玉は溜り麹といい、これを食塩水とともに桶に入れ、重石をのせて発酵・熟成させる。味噌の溜り液ができる。味噌に近い醤油で、香り、味ともによい。伊勢神宮に伊勢醤油を奉納する儀式に使う。伊勢地方の小粒丸大豆と仕込み水の鈴鹿山系の良質の地下水がとろりとした伊勢醤油を作る。
- **さんま醤油**　熊野灘はサンマ漁発祥の地といわれている。水揚げされるサンマは産卵を終えたもので脂肪が少ない。脂肪の少ないサンマを海洋深層水塩だけで漬け込む。麹は使わず、じっくり発酵・熟成させることによりうま味が増加する。魚醤油の一種である。匂いはおだやかで、上品な味わいである。他の魚醤油と比べると塩分濃度は低く、アミノ酸含有量が多い（熊野市の財団法人紀和町ふるさと公社の製造）。
- **味噌カツ**　三重県も隣の愛知県と同じく豆味噌が多く、一般に名古屋名物とされる味噌カツは三重県津の料理店でも提供されている。
- **豆味噌とみそ汁**　みそ汁をつくる場合、京都、大阪、東京では昆布のだしやカツオ節のだしを使うが、豆味噌の場合には豆からだしの成分のうま味が出るので、だし汁は用意しない。

- **地味噌の煮みそ**　東紀州で水揚げされた新鮮な魚の身と、季節の山野草を地元の味噌で煮た素朴な料理。昔から東紀州の家庭では、普通に食べる保存食の一つである。

食塩

伊勢神宮に奉納される食塩は、御塩といい三角錐の型に入れて奉納する。

- **岩戸の塩**　伊勢神宮のみそぎ浜として知られている二見浦の近くで、神宮林の地下水と伊勢湾に入る満ち潮の流れと出合う位置からポンプで海水を取水し、鉄の平釜で7～8時間に詰めて荒塩を作る。
- **真珠の塩**　熊野灘に面したリアス海岸、五ヶ所湾の入り口の相賀浦から、海水をポンプで海水をポンプで取水。海水を釜で煮詰めるときに真珠とアコヤガイを一緒に入れる。

みりん

三重県には50を超える清酒の醸造場がある。とくに、伊賀盆地や四日市から松阪市にかけての伊勢平野に多い。清酒を醸造するところは、みりんも醸造できることが推察できる。

- **四日市の古い製造場**　弘化3（1846）年に創業した宮崎本店は清酒のほかにみりんも焼酎も造っている。この会社の建物は、平成8（1996）年に文化財建築物に登録された。
- **みりん干し**　みりん干しは、腹開きや背開きした魚を、みりんも入れた醤油タレを塗りながら干したものである。各地に名物がある。三重県ではサンマ、アジ、タチウオ、ゴマサバなど三重県の漁港に水揚げされる魚のみりん干しを作る。

郷土料理と調味料

- **伊勢うどんと麺つゆ**　伊勢うどんは手打ちで軟らかく太めである。溜り醤油（伊勢醤油）をつけながら食べる。江戸時代にはお伊勢参りの街道筋で人気であった。現在でも伊勢うどんを食べなれている人は、伊勢うどんのように軟らかくなければ美味しいうどんと認めない人も見かける。

- **伊勢うどんつゆ**　伊勢うどんの濃厚なつゆとして、ミエマン西村商店の「伊勢うどんつゆ」がある。溜り醤油に煮干し・カツオ節・昆布のだし汁を加えたもので、薄めずそのまま使う。
- **コウナゴ料理と調味料**　伊勢湾に春が訪れる頃には、コウナゴ漁が解禁になる。漁獲後は鮮度低下が早いので、弱火で茹で素早く釜からあげる。「コウナゴの卵とじ」は、醤油・砂糖・酒で調味して作る。「コウナゴの巻きずし」は、春祭りにつくる。
- **とんてきのたれ**　四日市で人気の料理に「とんてき」がある。厚めに切った豚肉をラードで焼き上げ、ニンニクと黒い濃い目のたれで味付けしたもの。この黒いたれとは溜り醤油をベースにしたたれ。寿がきや食品が開発した黒いたれが「とんてきたれ」である。

発　酵

伊勢神宮御酒殿

◆地域の特色

南北に細長く、東に志摩半島が、西に伊賀盆地が突き出た十字型の地形で、伊勢平野の東側は伊勢湾と熊野灘に面し、西側は鈴鹿山脈、布引山脈などの紀伊山地がある。南北の長さは180km、東西の幅は108kmと、細長い形をしている。伊勢平野などの平野部から、鈴鹿山脈などの山脈、青山高原などの高地などさまざまな地形を有しており、北勢、伊賀、中勢、南勢（伊勢志摩）、東紀州の5地域で構成される。各地域によって気候がさまざまであるが、伊勢湾沿岸から熊野灘沿岸が太平洋側気候で、伊賀は内陸性気候である。

江戸時代から、お伊勢参りの名で知られる伊勢神宮を中心として発展してきた。この他、伊賀上野、二見浦、世界遺産の熊野古道などの観光地や、なばなの里、志摩スペイン村などのテーマパークがある。

四日市市では自動販売機が年間で約12万台生産されており、自動販売機生産量は全国で最も多い。亀山市にはカメヤマローソクがあり、ローソク生産量は全国一である。

農業は、なばなの生産量が全国1位のほか、ウメ、ヒラタケ、ナメコの生産量も多い。その他、松阪市近郊で生産される松阪牛は、日本を代表する高級肉として有名である。漁業は、全国1位の漁獲量であるイセエビのほか、イワシ類、カツオ、サザエなどの漁獲量も多い。アコヤガイによる真珠の養殖も盛んである。

◆発酵の歴史と文化

伊勢神宮は伊勢市にある神社で、正式名称は地名を冠しない神宮である。神社本庁の本宗（すべての神社の上に立つ神社）であり、ほかの神宮と区別するために伊勢神宮と通称される。

毎年、6月、10月、12月の年3回、酒の醸造の成功と酒造業の繁栄を祈願し、御酒殿に麹を奉納する御酒殿祭が催行される。今日でも、白酒、黒酒、醴酒（甘酒の一種）、清酒の4種のお酒が供えられる。このお酒は清酒を除き皇大神宮の神域にある忌火屋殿で古式に則り醸造される。神宮は伊勢税務署から正式に酒類製造免許を受けている。仕込みは古くから伝えられた方法により行われる。蒸米、米麹、水を一度に仕込み、仕込み後12日で熟成、これを笊で濾して酒と粕に分離する。二分し、片方が「白酒」で白く濁った酒であり、草木の灰を加え黒灰色となったものが「黒酒」である。

ちなみに、毎年皇居で行われている新嘗祭でも、「白酒」と「黒酒」と呼ばれる酒が神前に供えられる。黒酒は、クサギという落葉樹の灰を入れて造られる、古来から伝わる灰持酒の一種である。今でも、熊本県、鹿児島県、島根県で、それぞれ赤酒、薩摩地酒、地伝酒という名の灰持酒が造られている。

◆主な発酵食品

醤油　伊勢平野は中京地区に接しているため味の濃厚な溜り醤油が、伊賀盆地は関西圏のため京風料理に適した淡口醤油が、紀州は濃口醤油が好まれ、それぞれの地域で特徴のある醤油が造られている。ヤマコ醤油（四日市市）、ヤマモリ（桑名市）、福岡醤油店（伊賀市）、伊賀越（上野市）などがある。

味噌　中京地区に接する伊勢平野では豆味噌が、関西圏である伊賀盆地は甘口の米味噌が、紀州は甘みのある麦味噌と、各地域でさまざまな味噌が造られている。ヤマニ醸造（四日市市）、東海醸造（鈴鹿市）、糀屋（伊勢市）、丸佐商店（鳥羽市）などがある。

日本酒　酒蔵は冬の寒冷な伊賀地方と「鈴鹿おろし」が吹く北勢地方などに集まっている。紀伊山地は日本で1、2位の多雨地帯であり、そこから流れる宮川、名張川、鈴鹿川などの豊富な伏流水は清冽な軟水で、きめ細やかな味わいの酒になる。また、昔から稲作に適し、酒造好適米の「山田錦」も伊賀地方を中心に多く栽培され、ほかにも「五百万石」「伊勢錦」などさまざまな酒米が栽培されている。

木屋正酒造（名張市）、後藤酒造場（桑名市）、早川酒造（三重郡）、清水清三郎商店（鈴鹿市）、寒紅梅酒造（津市）、元坂酒造（多気郡）、瀧自慢酒造（名張市）、森喜酒造場（伊賀市）、大田酒造（伊賀市）など34の蔵で造られている。

焼酎　ゴボウを発酵させた焼酎を造る宮崎本店（四日市市）、酒粕を使った米焼酎を造る伊勢萬（伊勢市）などがある。

ビール　県内で採取した酵母で造る二軒茶屋餅角屋本店（伊勢市）のほか、モクモク（伊賀市）、長島観光開発（桑名市）などのクラフトビールがある。

波切節　志摩地方の鰹節は江戸時代「波切節」と呼ばれ、伊勢神宮の神饌（しんせん）として使われたほか、鳥羽藩への献上品でもあった。今でも、大王町の波切地区で伝統的な製法で作られている。

伊勢沢庵　伊勢地方で作られている沢庵漬けである。地元では「こうこ」とも呼ばれる。伊勢市などで栽培されている御園大根を使い、2週間ほど天日乾燥し、米糠と塩、柿の皮、トウガラシなどを混ぜて漬け込み、約2年間乳酸発酵させる。

伊賀漬け　伊賀地方で古くから親しまれている漬物で、鉄砲に火薬を詰める姿に似た「鉄砲漬け」の製法で作られる。伊賀市にある1865（慶応元）年創業の養肝漬宮崎屋が製造、販売している養肝漬（ようかんづけ）が有名である。シロウリの芯を抜き、その中にシソ、ショウガ、ダイコン、キュウリなどの刻んだ物を詰め、溜り醤油に1～2年漬け込んで作られている。

さんま醤油、鯛醤油　サンマやタイなどの魚介類を原料として造られた魚醤である。魚のタンパク質が分解してできたアミノ酸を豊富に含むため、濃厚な旨みがある。

さんまずし　サンマを用いたなれずしで、三重県の志摩半島から和歌山県に至る熊野灘沿岸一帯、奈良県十津川村や奈良県旧大塔村で食べられる。塩漬けにした魚をご飯とともに一定期間漬け込んで発酵させた保存食品である。県内にはその他、鮎ずし、このしろずし、鯖ずしなどがある。

日野菜（ひのな）の酢漬け　日野菜を合わせ酢に漬けたもので、三重県の伝統食品の一つである。すぐにでも食べることができるが、2週間程度漬けた方が味のなじみがよくなる。「さくら漬け」とも呼ばれる。

伊勢紅茶　鈴鹿山脈沿いなどで栽培、生産されている紅茶で、渋い口当たりを特徴とし、ストレートはもちろん、ミルクティーにも向く力強さをもっている。日本茶である伊勢茶とは別に、発酵茶である紅茶専用品種が開発されている。

黒ニンニク　伊勢志摩地方で栽培されている在来品種の「伊勢志摩八片」などを使い、管理された温度、湿度で発酵、熟成させて作られる。白い中身が徐々に黒く変化していき、ポリフェノール含量が増え、現在は健康食品として注目されており、伊勢市、尾鷲市などで作られている。紅茶と同じく、微生物は関与していない酵素主体の発酵と考えられる。

◆発酵食品を使った郷土料理など

めはりずし　タカナを塩漬けにし、その大きな葉でおにぎりのようにご飯を包んだものである。熊野地方の郷土料理で、尾鷲市、熊野市などで作られる。「目を見張るほど大きな口を開けて食べる」ということから名付けられたといわれている。

豆腐田楽　自家製の味噌を玉のように丸め、吊して熟成させた後豆腐に塗って炭火で炙った伊賀市などの郷土料理である。

時雨はまぐり　ハマグリを「浮かし煮」と呼ばれる独特な方法でみりん、醤油などと煮て作られる桑名市の名産品である。

松阪牛しぐれ煮　ショウガをきかせた醤油ベースの煮汁で松阪牛の肉を甘辛く煮た松阪市の郷土料理である。

てこねずし　カツオやマグロなどの赤身の魚を、醤油を中心としたタレに漬け込んだ後、すし飯と合わせ、大葉やショウガ、海苔などをちらして食べる。漁師が漁の合間に食べた食事が始まりとされる。

伊勢うどん　溜り醤油に鰹節やいりこ、昆布などのだしを加え、黒く濃厚なつゆを太い麺に絡めて食べる。太い麺は長時間かけて茹で上げられており、柔らかい。薬味の刻みネギだけで食べることが多い。

御講汁（おこうじる）　伊勢の報恩講で振る舞われる料理で、ほんこ汁ともいわれる。ダイコン、豆腐、油揚げを味噌仕立ての煮汁でダイコンがべっこう色になるまで3日ほどかけて煮込んだものである。

◆特色のある発酵文化

伊勢型紙　友禅、ゆかた、小紋などの文様を着物の生地に染めるのに用いるもので、1000年余りの歴史を誇る伝統的工芸品である。和紙を加工した紙（型地紙）に彫刻刀で、着物の文様や図柄を彫り抜いたものであるが、型紙を作るには高度な技術と根気や忍耐が必要である。型紙は、美濃和紙を柿渋でベニヤ状に張り合わせ、燻煙と乾燥による伝統的な製法で作られる。型地紙の工程は、①200枚から500枚の和紙を重ね規格寸法に裁断する「法造（ほづく）り」、②3枚の和紙を紙の目（繊維の流れ）に従ってタテ、ヨコ、タテと交互に重なるように柿渋で張り合わせる「紙つけ」、③紙つけの終わった紙を桧の張板に貼り、天日で干す「乾燥」、④乾燥した紙を燻煙室へ入れ約1週間いぶし続け、さらにもう一度柿渋に浸し、天日乾燥→室干し→表面の点検という工程を経て型地紙が完成する。

渋柿を搾った液を発酵することで作られる柿渋は、塗料や染料、薬、健康食品などの多彩な面をもつが、三重県の伝統工芸品である伊勢型紙でも、柿渋は重要な役割を果たしている。

◆発酵にかかわる神社仏閣・祭り

伊勢神宮（伊勢市）　御酒殿祭（みさかどのさい）　神前に捧げる酒の醸造の成功と酒造業の繁栄を祈願し、御酒殿（みさかどの）に麹を奉納する神事である。このお酒は皇大神宮の神域にある忌火屋殿（いみびやでん）で、神宮神田で栽培された米を使って、古式に則り醸造される。

下久具（しもくぐ）の御頭神事（おかしらしんじ）（度会郡）　毎年2月に催される御頭神事は別名甘酒神事と呼ばれ、各家庭からお米を集め当番の家で甘酒を仕込み奉納される。獅子頭は「オサキ」と呼ばれ対岸の棚橋の「ダイジョウ」と雌雄対をなしている。旧正月の夜に火を囲んだ勇壮の舞いを見ることができる。

◆発酵関連の博物館・美術館

伊勢型紙資料館（鈴鹿市）　江戸時代末期の建物で白子屈指の型紙問屋であった寺尾斎兵衛家の住宅を修復した建物の中に、伊勢型紙に関する資料などが展示されている。ビデオにより、柿渋を使った型紙の製法なども見ることができる。

◆発酵関連の研究をしている大学・研究所

三重大学生物資源学部生物圏生命化学科、生物資源学研究科生物圏生命科学専攻

微生物のもつ多彩な機能を人工的に改変することにより、生活に役立つバイオエタノールやバイオマスの微生物変換の研究などを行っている。

発酵から生まれたことば　味噌は医者いらず

味噌は豊富な栄養素を含み、その効果・効能から医者いらずと言い伝えられている。大豆を発酵することでアミノ酸やビタミン類が大量に作られ、ほかにもペプチドや、イソフラボン、食物繊維など健康に良いとされる栄養分も多く含まれている。また、味噌には生きた酵母や乳酸菌も含まれており、腸内環境の改善にも効果が期待される。確かに、塩分を多く含むことに注意して摂取すれば、医者にかからずに過ごせる食品といえる。

和菓子／郷土菓子

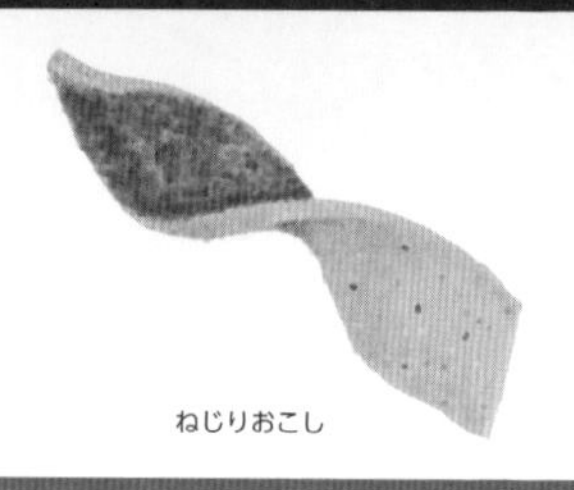
ねじりおこし

地域の特性

日本列島のほぼ中央部愛知県に隣接し、東に伊勢湾、南に太平洋と東西約80km、南北約170kmの南北に長い県である。県内は伊勢、志摩、伊賀、紀州の4国からなり、気候も温暖で山海の幸に恵まれた古代より「美(うま)し国」といわれてきた。

『日本書記』によると、倭姫命(やまとひめのみこと)が伊勢に来られたとき天照大神が、「伊勢国は常世の国から波の寄せ来る国で、辺境ではあるがうまし国〈美し国〉なり、この国に居らんと思う……」と神託し、この地に伊勢神宮が創祀(そうし)された。

皇室の祖先神を祀る伊勢神宮だが、後に一般人も参宮できるようになり、伊勢平野や志摩地方は神宮による経済的、文化的影響を強く受ける。

また伊勢地方は米の大産地で、その米を使った餅文化が発達し、江戸時代に日本全国に大ブームとなった「お伊勢参り」には、参宮街道沿いに名物餅屋ができ、餅は腹持ちもよく旅人の活力源となった。

俳聖・芭蕉のふる里伊賀地方には、江戸期からの菓子店も多く、芭蕉の句に因んだ風流な菓子が作られている。良質なもち米で作る寒梅粉の「おしもの」も伊賀特有の菓子で、タイを模したお祝いの引き出物は見事である。

地域の歴史・文化とお菓子

お伊勢参りと「餅街道」

①お伊勢参りの歴史

伊勢神宮は、古くは一般庶民が参拝するところではなかった。しかし、平安末期になると朝廷の財政も悪化し、維持するのが困難となり、御師（おし・おんし）とよぶ下級神職が各地に出向いて布教活動をし、伊勢暦や御(お)

祓（災厄を除く神符を）を配布して資金集めをするようになった。最初は貴族の間であったが、鎌倉後期には庶民も対象となり、外宮の豊受大御神を農業神として伊勢信仰を広め、室町時代には御師によって「伊勢講」という参詣者集団が各地に結成され、「お伊勢参り」が一般化するようになる。

②お伊勢参りの発展

お伊勢参りには旅費が必要であった。庶民にとっては大きな負担で、そこで村人たちは「伊勢講」という形で金を出し合い旅費を積み立て、くじ引きで引き当てた人が代参するという形がとられていた。因みにくじを引き当てた人は二度目はなく、誰もがお伊勢参りに行けるようになっていた。

御師はそうした人たちをお伊勢参りに案内し、自らが宿泊所を経営して居心地のよい宿を提供し、贅沢な食事を手配した。代参者が無事に村へ戻り、お伊勢参りの楽しさを宣伝してもらうことが目的であった。当時の御師は、今日のツアー・コンダクターでもあった。こうしてお伊勢参りが発展していったのである。

③江戸時代のお蔭参り

「伊勢に行きたい　伊勢路が見たい　せめて一生に一度でも」と、伊勢音頭に歌われたお伊勢参りは、江戸時代になると大ブームが起きた。世の中も落ち着き、東海道をはじめ五街道が整備され交通網が発達した。人々の間に旅の楽しさが定着し、お伊勢参りが庶民の生活に浸透していったのである。

この時代、人の移動には厳しい制限があったが、お伊勢参りだけは別扱い。そこで生まれたのが「お蔭参り」であった。別名「抜け参り」といって、奉公人が主人に無断で、子供が親に無断でお伊勢参りに行くことで、金がなくとも沿道の人たちから施しが受けられた。江戸時代には３回ピークがあり、最大のピークは1830（文政13）年。３月末から９月まで宮川の渡しを通った人は約486万人、１日最高14万8,000人であった。

こうして伊勢路の沿道には参詣者のための茶店ができ、名物餅を売る店が軒を並べたのである。

④伊勢路玄関口の名物餅

東海道の熱田から船で桑名に上陸すると、「安永餅」（永餅屋老舗・1636〈寛永11〉年創業）がある。牛の舌餅ともよばれ餡の入った長い平たい餅で、軽く焼いてあり香ばしい。四日市には「なが餅」(笹井屋・1550〈天文19〉年創業)がある。安永餅とよく似ていてこの周辺には同様の餅が多く「太白永餅」(金城軒・1868〈慶応4〉年創業)や、鈴鹿市神戸(ごうど)の「立石餅(たていしもち)」(あま新・1689〈元禄2〉年創業)がある。笹井屋が「日永坂下(ひながさかした)」の立て場にあったことから「永餅」となったという。別名の「牛の舌餅」の名から、神社の神事との関係が考えられる。

⑤熊野街道から宮川までの名物餅

熊野から松阪への街道沿いには「まつかさ餅」(長新本舗・元禄年間〈1688～1703〉創業・多気町)がある。別名「いがまんじゅう」とよばれ、餅生地で黒糖の餡をくるみ表面にもち米をのせて蒸したもの。松かさの風情なのでその名がある。旧勢和町の「おきん餅」(おきん茶屋・1832〈天保3〉年におきん婆さんが作った)はよもぎ餅で、旅人に評判をとり今日まで作られている素朴な餅である。

宮川の渡しまで来ると伊勢はすぐそこである。「へんば(返馬)餅」(へんば屋・1775〈安政4〉年創業)は、伊勢参宮の旅人が「三宝荒神(さんぽうこうじん)」(3人乗り)という馬の乗り方で、ここまで来て馬を返したことから付いた名前である。川岸の茶屋で一服し、渡し船に乗って伊勢へ向かった。当時、餅が3文だったので「三文へんば」ともいわれた。餡を餅生地で包み、鉄板で焼いて焦げ目を付けてある。

⑥お膝元の名物餅

三河や尾張の沿岸部から伊勢湾を船で来る人たちは、大湊(おおみなと)から勢田川をさかのぼり二軒茶屋で上陸する。船着場付近には角屋と湊屋の2軒の茶屋があった。現在残っているのは角屋で、「二軒茶屋餅」(角屋本店・1575〈天正3〉年創業)が知られ、黄な粉をまぶした餡餅だが、400年余りの歴史が味わい深くしている。

「太閤出世餅」(太閤餅・1565〈永禄8〉年創業)は、主人のお供でしばしば伊勢を訪れた秀吉が、焼き餅を2本の竹で操るように焼き、参宮の人たちに面白おかしく見せびらかして食べたのが最初とされる。へんば餅と同じ丸型で、搗きたての餅に粒餡を包み薄っすらと焦げ目を付けたもの。

最後の締めは「赤福」(赤福本店・1707〈宝永4〉年創業)。今も昔も伊勢を代表する名物餅で、シンプルな餡餅だが白い餅は五十鈴川の川石を、表面の餡の3筋の指跡は川の流れを表し、参拝客の赤心(真心)と福多いことを願う「赤心慶福」からの命名である。餡が上側なのは、お蔭参りの参拝客で殺到し、一時も手早く出せるようにとの工夫でもあった。

⑦伊勢の「餅街道」

ざっとみてきても以上のようにたくさんの名物餅がある。餅が名物になったのは、当然旅人へのもてなしだが、長い道中を乗り切るために腹持ちのよいことと、エネルギーを与えてくれることであった。そして伊勢は米所で、また神宮に米を奉納していたこともあり、お伊勢さんに続く街道は、いつしか人々に「餅街道」とよばれていた。

行事とお菓子

①えべっさんの「箕(み)のせんべい」と「蛤饅頭(はまぐりまんじゅう)」

伊賀市上野恵美須神社の初えびすは1月19、20日。宵宮には紅白の幕を張り巡らした売り場で、「商売繁盛、笹持って来い」の縁起物の福笹の吉兆(けっきょ)（土地では「けっきょ」とよぶ）を求める人たちでいっぱいである。

この日には「たくさんの宝が掬(すく)えるように」と、「宝箕(ほうみ)せんべい」ともよばれて売られる。箕は穀物などを入れて使うものだが、「箕のせんべい」は横幅20cmの、砂糖、落花生の入った小麦粉煎餅で、市内の徳本製菓が季節限定で作っている。さらにこの日には、海に遠いこの地方で「生の蛤」やハマグリの形の「蛤饅頭」が売られる。名張のえびす祭りは別名「ハマグリ市」といって、昔は海産物と山の物との物々交換の市だったそうで、ハマグリはそのことを伝えていた。「蛤饅頭」は、ハマグリが高値になったので和菓子屋さんが饅頭で作るようになったという。

②節分の「福引き煎餅」

津や松阪地方では、2月の節分の頃になると「福引き煎餅」「厄除け煎餅」といって、大人の頭ほどの三角形に折り込まれた大きな焼き菓子が売られる。中には恵比寿様や大黒様の縁起物が入っていて、どんな「福」かは開けてからのお楽しみ。甲府市内の節分にも「ガラガラ」といって中に玩具が入り、その小さいのが山形の「カラカラ煎餅」である。

津では荒行の「鬼押さえ節分」で知られる厄除け観音（恵日山観音寺）のお土産で、小麦粉、砂糖、卵、砕いた落花生を練り込んだ小麦粉煎餅である。平治煎餅本店で売られ、松阪では柳屋奉善で売られている。因みに郡上八幡や飛騨高山では「正月菓子」として、暮れに売り出される。

③初午祭の「ねじりおこし」

松阪の春を呼ぶ祭で、毎年３月初午の前後３日間、厄除け観音で知られる岡寺山継松寺（けいしょうじ）で行われる。人には災難が身に降りかかりやすい年齢があって、数えで男性は25、45歳、女性は19、33歳とされ、岡寺さんは厄除けに霊験あらたかなことから、特に振袖で着飾った19歳の女子が大勢祈願に訪れる。参道にはたくさんの露店が出て“厄をはじき去る”といって縁起物の「はじき猿」の玩具や、厄をねじ伏せるといい丈が約30cmほどの大きな「ねじりおこし」が売られている。「ねじりおこし」は市内の駄菓子のあいや、柳家奉善で製造販売している。

この日ユニークなのは、厄除祈願の参詣者が、厄落としといって持参したハンカチを参道に落とすという奇習で、最近は各所の段ボールに入れるようになっているが、お金を落とす人もいる。しかし、この日は下を向いたり後ろを振り返ってはいけないという言い伝えがあった。

④端午の節供のおさすり

三重県南部の熊野市地方の柏餅は、えべついばら（サルトリイバラ・サンキライとも）の葉で包んだ漉し餡入りの米粉の蒸し餅で、これを「おさすり」とよぶ。端午の節供には、川笹を取って来て粽もつくる。粽は男児を、おさすりはハマグリのような形で女児を表して子供の成長を祈った。最近は熊野市内の菓子店でも季節限定で売られている。

⑤田植えの野上（のあ）がりに「蒸しだんご」

田植えも済んだ農休みに作るだんご。みょうがの葉やがんたちいばら（サルトリイバラ）の葉を使う。小麦粉に炭酸と塩を混ぜてよく捏ねた生地に、そら豆の餡をくるみみょうがの葉で三角に巻く。がんたちいばらは大きいときは２つ折りにして包む。みょうがはすがすがしい香りがする。

⑥志摩・伊雑宮（いざわのみや）の御田植祭と「さわ餅」

伊雑宮御田植祭は毎年６月24日に行われる志摩地方第１の大祭。国の無形民俗文化財で、日本３大御田植祭の１つである。土地では「磯部の御神田」とよばれて親しまれ、神事の最大イベントは「竹取神事」。泥んこになった若者たちが、田に倒された太い青竹の笹竹を取り合う勇壮な行事で、この竹は持ち帰って船魂（ふなだま）に供え大漁満足、海上安全のお守りとした。江戸末期の天保（1830～43）の頃、竹取神事の笹竹に因み「笹餅」が売られ笹餅が転じ、また竹の「棹のような餅」が転じて「さわ餅」となったといわれる。餡を挟んだ長方形の餅で白とヨモギがある。由来は諸説あるが松阪地方では、沢水で手返ししたので「さわ餅」とよぶようになっという。

⑦猪子(いのこ)ぼた

11月の最初の亥の日に作る松阪地方のサトイモ入りのぼた餅。サトイモを乱切りにして米に混ぜて炊き、炊き上がったら擂り鉢で5分どおり潰して直径5cmの餅にし、粒餡でまぶす。サトイモは子だくさんな猪に見立てている。

知っておきたい郷土のお菓子

- **とらや饅頭**（桑名市） 1704（宝永元）年創業のとらや老舗が作る薄皮のこし餡入り酒饅頭。熱田と桑名を結ぶ「七里の渡し」があった頃からお伊勢参りの客に親しまれ、現在も桑名名物として知られる。
- **志がらみ・蛤しるこ**（桑名市） 百年余の老舗・花乃舎の銘菓。やわらかい薄紅の羊羹をはさんだ羽二重餅を手綱のように捻じり、氷餅をまぶした「志がらみ」や、他に桑名名物のハマグリに因んだハマグリ型の懐中汁粉がある。
- **たがね**（桑名市） 1872（明治5）年創業の「たがねや」の名物。土地の溜まり醤油が香ばしい小判形・櫛形の炭火焼煎餅。もち米・うるち米を合わせ､粒々を残して搗いた生地が特徴。「たがね」はシトギのことで、餅の古語。
- **八壺豆・紅梅焼**（桑名市） 多度大社の門前菓子。「八壺豆」は多度豆ともいい、大豆を芯に黄な粉と蜜を練り合わせた州浜生地を被せ、白砂糖をまぶした豆菓子。「紅梅焼」は山椒風味の小麦粉生地を梅型にして、鉄板で押し焼きする。1855（安政2）年創業の桔梗屋などが作る。
- **小原木(おはらぎ)**（鈴鹿市） 享保年間（1716～36）創業の大徳屋長久の銘菓。もと廻船問屋で紀州藩の御用商人だったが後に菓子屋になる。楕円形に焼いた薄い小麦粉生地で半月形に粒餡を包む。京都の「大原女」を模している。
- **亀の尾**（亀山市） 瑞宝軒の亀山銘菓。練り餡を求肥で包んだ餅菓子で、初代が江戸末期に創製した。菓名は古今和歌集の歌に因んでおり、長寿をことほぐ菓子として知られる。

- **関の戸**（亀山市）　東海道・関宿（せきじゅく）に寛永年間（1624～44）に創業した深川屋陸奥大掾（むつだいじょう）の銘菓。赤小豆の漉し餡を求肥で平たく包み、阿波和三盆をまぶした一口大の餅菓子。仁和寺御用を勤め官位も賜った老舗。
- **さまざま桜・竹のふし**（伊賀市）　1712（正徳２）年創業の紅梅屋の俳風菓子。伊賀は芭蕉の生誕地。「さまざま桜」は「さまざまの　こと思ひ出す　桜かな」の句に因み桜形に抜いた山芋入りの干菓子。「竹のふし」は「竹の子や　稚き時の　絵のすさび」の句に因んだ黒餡を寒梅粉で包んだ押し物。
- **かたやき**（伊賀市）　伊賀の名物菓子。伊賀忍者の携行食とされ小麦粉に砂糖を混ぜ、重石で押さえ気長に焼いて水分を抜いた堅い煎餅。木鎚で割ったり、菓子同士を直角に打ちつけて割る。忍者は刀の鍔で割った。
- **おしもん・千代結び**（伊賀市）　いせやなど市内各店で作る。「おしもん」は寒梅粉と砂糖を揉み合わせ餡を入れて木型で打ちだした伊賀地方の伝統菓子。伊賀は海に遠いので定番はタイなどの魚介類。名古屋の雛菓子「おしもん」のルーツとされている。「千代結び」は伝統工芸品「伊賀組紐」を意匠化し、木型で打ち出したおしもん。お福分けといって分け合っていただく。
- **いが餅**（伊賀市）　江戸時代初期創業の老舗・桔梗屋織居が作る伊賀銘菓。漉し餡をうるち米のしんこ生地で包み、上に彩色したもち米をつける。これは伊賀忍者の暗号となった「５色米」の名残ともされ、全国に「いが餅」が残るのは、伊賀忍者との関係が考えられた。関宿（せきじゅく）名物の「志ら玉」は、赤、緑、黄の彩色された３色のもち米がつけてある。
- **けいらん**（津市）「津観音」の門前に９代続く玉吉餅店の名物。新粉生地で漉し餡を包、赤・黄２色に染めたもち米を表面にびっしりつけた餅菓子。伊賀の「いが餅」とは、もち米の付け方が違うがよく似ている。
- **老伴（おいのとも）・鈴最中**（松阪市）　柳屋奉善の銘菓。延年の図案の最中種に紅色の白餡羊羹を流し、片面は砂糖蜜が刷いてある。1575（天正３）年に「古瓦」の名で創製。その後松阪の豪商三井高敏が、白楽天の詩から「老伴」と改名。土地の国学者・本居宣長の七古鈴にちなむ「鈴最中」も作る。
- **まつかさもち**（多気町）　元禄年間（1688～1703）創業の「長新」の相可（おうか）名物。相可は熊野街道・伊勢本海道・伊勢南街道の合する交通の要衝で、ここで300年間作られているのが「まつかさ餅」。櫛田川流域の良質米を練り上げ、黒糖餡を包み餅の表面にもち米（無彩色）をまぶして蒸したもの。まつぼっくりに似ているので「松笠餅」、別名「いが餅」ともよばれている。三重県内には「いが餅」系統の餅がなぜか多い。

- **さわ餅**（伊勢志摩地方） 松阪では1819（文政２）年創業の伊賀屋、1830（天保元）年創業の福徳餅など多くの店が作る。薄く延ばした餅を正方形に切り、小豆餡をのせて２つ折りに包んだ名物餅菓子。
- **絲印煎餅**（いといんせんべい）（伊勢市） 伊勢神宮の門前町に1860（万延元）年に創業した播田屋の銘菓。卵・砂糖入りの小麦粉生地を焼いた小さな薄焼煎餅。室町時代以降中国からの輸入された生糸の「絲印」の焼き印が押されている。
- **生姜糖・岩戸餅**（伊勢市） 岩戸屋の土産菓子。「生姜糖」は生姜の汁と砂糖を混ぜて煮詰め、型に流し固める。起源は伊勢神宮への神饌の１つだったとされる。その後お伊勢参りの土産品として、神宮のお札（剣祓）の形が定番となる。「岩戸餅」は漉し餡入りの餅に黄な粉をまぶしたもの。

乾物 / 干物

荒芽、荒布

地域特性

三重県は近畿地方の南東部に位置し、南北に長く、東は伊勢湾、熊野灘に面する。北勢、伊賀、中勢、南勢、東紀州の５地域で構成されている。江戸時代からお伊勢参りで有名な伊勢神宮を擁する地区として発展してきた。

山岳地帯や盆地など地形は多彩で気候の変化も激しく、伊勢湾にくる台風や鈴鹿降ろしが厳しい風土を保っている。県庁所在地は津市である。海山の豊富な自然に恵まれ、海産物、海藻類、また松坂牛に代表される酪農と中京工業地帯である四日市コンビナート、亀山シャープ工場、カメヤローソクなどがある。また、伊勢志摩、鈴鹿など観光地としても発展している。

知っておきたい乾物 / 干物とその加工品

あおさ（石蓴）　アオサ科の緑藻であるアオサを乾燥させた製品。太平洋沿岸や朝鮮半島をはじめ日本各地で沿岸地域に生育している。一般的には、ヒトエグサ、バンドウコ、沖縄ではアーサなどとも呼ばれている。食用にされることは少ないが、養殖もされている。

ヒトエグサは冬季から初夏にかけて生長し、長さ４～10cmの葉状の緑藻で、植物体が一層の細胞からなり、このため一重草と呼ばれている。三重県でリアス海岸をもつ松坂以南、伊勢湾、熊野灘沿岸、鳥羽、志摩と波当たりがある緩い湾内で取れ、伊勢志摩の特産で全国の約70％ぐらいの生産量がある。

水質日本一を誇る宮川や木曽川から注ぎ込む栄養豊富な河川水と太平洋の黒潮が混じり合う豊富な漁場の伊勢湾で、三重のあおさは育っている。浅瀬の岩場に付着して生長し、海水に浮遊した状態でも育つ。穴の開いた円形の平たい海藻である。そのまま食用とするには固いが、大量に採取できるため、乾燥して粉末状に加工して、青粉、ふりかけ、海苔の佃煮の原料として多く利用されている。

晩秋から初春にかけて採取されるが、特に3月ごろが多い。大量に繁殖し、沿岸に漂着したアオサは飼料などにも利用されている。三重県のほか、千葉県の夷隅川、香川県小豆島、沖縄県などが主な産地である。

βカロチン、ビタミンB_2、葉酸など他の海藻と同じ栄養素がある。

湿気を吸収しやすいので、開封後は冷蔵庫での保存が望ましい。特有の味と香りがあり、そのままでもお好み焼き、ふりかけ、海苔佃煮、酢の物、味噌汁の具、てんぷらなどとして食べられるので、調理の範囲は広い。

あらめ（荒芽、荒布）

褐藻類コンブ科の多年草であるアラメを乾燥した製品。主産地である三重県伊勢志摩では、7～9月に各浜で海女が採取・収穫し、アラメを海岸に所狭しと並べ、天日乾燥する。

この風景は夏の風物詩でもある。あらめは昔から伊勢神宮の供え物として献上されてきた。関西では盆にあらめの煮物を作る。京都では8月16日の朝あらめを炊き、あらめの茹で汁を門口に流して精霊を見送る習慣などがある。また、粉末にした「こんにゃく」の黒い点々は、あらめの粉とひじきなどで色付けしたものを混ぜたもので、黒こんにゃくとして、関西方面では人気がある。

名称のあらめの由来は「わかめ」より荒い感じがするという意味の「荒芽」からきているといわれ、関西では「新芽」と書き、ひじきより縁起がよいとして好む傾向がある。

＜生　態＞

生態は、生育1年目はササの葉のような形で茎は短く、葉はしわになっている。冬から春にかけて、茎が2つに分岐し、それぞれに細長い葉が十数枚ずつ付くため、全体を見ると大きなはたき状に見える。そして2年目にようやく1～2mぐらいに育つ。2年目以降は胞子を付ける。胞子嚢で遊走子が波に流され、岩に付いて発芽する。アルギン酸製品の原料として、夏によく採取される。

三重県のほか、岩手県以南から九州地方にかけて、日本海側にも太平洋側にも、水面下3～5mぐらいの岩場に生育し、アワビや貝類を含む無脊椎動物や魚類の産卵、稚魚の成育場として重要な役割を担っている。

＜製造方法と栄養＞

採取したアラメを天日干しし、水で戻してから塩抜きする。その後、ボイルしてからプレスして裁断、乾燥させる。

栄養と成分は他の褐藻類と同様にカルシウムやヨウ素、食物繊維を多く含む。

＜利用方法＞

たっぷりの水で戻し、水気を切ってから煮物や佃煮、味噌汁などに入れる。あらめから抽出したアルギン酸などの多糖類は、アイスクリームやゼリー菓子、ジャム、マヨネーズの増粘剤に利用されている。また、化粧品のローション、クリーム、練り歯磨きなどの基礎剤にもなっている。

伊勢ひじき

褐藻類ホンダワラ科ホンダワラ属のヒジキを乾燥した製品。ヒジキは、遺跡の発掘物からも得られており、縄文、弥生時代から食べられていたことがうかがわれる。奈良時代の記録を集めた『正倉院文書』にすでに記述があるが、見た目が鹿の黒くて短い尾に似ていることから「鹿尾菜」と書かれたという。神饌としても利用されていたという。庶民がヒジキを食べるようになったのは江戸時代で、当時の文献『本朝食鑑』（1695年）に鹿尾菜の文字が使われており、「猪脚菜」「羊栖菜」の文字も当てられていた。

外海に面した波の荒い岩礁地帯や浅瀬の岩場に繊維状の根をはわせて、最長1mにもなる円柱状の茎を伸ばし、小枝と葉を茂らせ、大群落を形成する。

三重県伊勢地方では江戸時代から伝わる製法を続けている。乾燥した原料を水洗いした後に蒸し上げ、再乾燥する方法である。これによって塩抜きされ、うま味、風味が逃れずモッチリした食感が生まれる。また、大量に加工することができる。

木曽川、揖斐川、長良川が流入する伊勢湾は栄養豊富なため、長くて太く、風味と食感のよい高級品質のヒジキが採取され、国内では需要が高い。

伊勢湾板海苔

伊勢湾西部地域で採れ、浮流し式漁法と支柱式漁法がある。色や味に特徴はないが、葉質重視の海苔作りで業務用の需要と米菓での利用が多く人気がある。主に桑名地区と伊勢地区に分かれる。桑名地区は木曽川の河口に位置し、歴史は古く味のある海苔が採れることで知られている。関西を中心に伊勢地区では、上級品は贈答用、高級寿司用、米菓子用としての需要があるため、全形焼き海苔、味付け海苔の原料に用いられている。

大矢知(おおやち)うどん

今から200年ほど前の江戸時代から幕末にかけて禅僧が秘伝を伝え、兵庫県武庫郡深江村の田中栄五郎、姫路の酒井富蔵らが来村し、灘式素麺作りを開始したといわれている。その後、農家の副業として生産は増えたが、太平洋戦争の後に食糧不足となり、生産はすっかり減った。今では新たに伊勢うどんの名で売り出され、全国手延べ組合では12位である。

伊勢の赤福

伊勢神宮の入り口にある赤福本店は1709（宝永４）年の創業という歴史がある。名物は「赤福餅」である。これぞまさしく乾物の王様、小豆色のこしあんのうまさは絶品である。餅米の柔らかさと弾力があり、しっかりとした味わいがすばらしい。店で出す赤福氷はこれまたかき氷の中のあんこ、粉の小豆のこしあんのうま味がマッチしている。

Ⅲ

営みの文化編

伝統行事

伊勢神宮神嘗祭

地域の特性

三重県は、紀伊半島の南東部に位置し、東は伊勢湾・熊野灘に面する。中央を流れる櫛田川を境に北部と南部に分かれ、北部には伊勢平野・上野盆地がある。南部は海岸近くまで山々が迫り、志摩半島でリアス海岸を形成する。西部は、北から鈴鹿山脈、高見山地、紀伊山地の山々が連なって他県との境をなす。気候は、地域により大きく異なる。北部の鈴鹿山脈付近では積雪もある。内陸の上野盆地は気温差が大きい。南部は、沿岸を暖流が流れるため年間を通じて温暖。尾鷲周辺は、日本有数の多雨地帯である。

志摩半島の英虞湾は、古くから天然真珠の産地として知られていたが、御木本幸吉がアコヤガイに核を入れる養殖法を開発。波の静かなリアス海岸は真珠養殖に最適だったため、英虞湾を中心とする志摩半島は、養殖真珠の一大産地となった。

四日市は、海運を生かし石油コンビナートを形成。鉄鋼や輸送機器の生産も盛んである。

行事・祭礼と芸能の特色

三重県には、伊勢神宮がある。その成立については諸説があるが、いつのころからか日本の総氏神として多くの参宮者を集めることになった。

20年に1度の式年遷宮（もっとも近いところで、平成25＝2013年）が行なわれる。内宮・外宮の正宮を新しく造り、神をそこに移す。正宮だけでなく、別宮や摂社まで遷宮を行なう。祭具にあたる宝物までをも新たにするのである。世界に類例のない一大行事に相違あるまい。

三重県下の伝統的な芸能として特筆すべきは、「伊勢太神楽」（太太神楽ともいう）であろう。獅子舞で祓い、しかるのちに祈禱を行なう。それが基本であるが、獅子舞が曲芸的な要素もとり入れるようにもなった。伊勢神宮との関係は薄いが、とくに東日本各地に門付けをするようになり、伊勢の知名度をより高めることになった。

主な行事・祭礼・芸能

尾鷲（おわせ）神社ヤーヤー祭

2月1日から5日まで行われる尾鷲神社のまつり。紀州の奇祭といわれる。その名称は、戦国武将が立ち合いの際に「ヤーヤー我こそは……」と名乗ったことに由来する、という。

このまつりの見どころは、2日から4日の夜に行なわれる「練り」と「垢離（こり）かき」である。参加者は、古めかしい白装束に手甲脚絆（てっこうきゃはん）の姿で山車（だし）に従い町内を練り歩き、「ヤーヤー」の掛け声で各町の山車（だし）がぶつかりあい、もみあう。また、獅子頭を担ぎ出して、獅子拝みの行事を行ない、境内などで獅子神楽を催す。この獅子頭は室町時代の作といわれ、むかし尾鷲市の大曽根海岸に漂着したものを神宝として祀（まつ）ったものだ、という。

和具の潮かけまつり

780年の伝統を誇る奇祭で、旧暦6月1日に和具（志摩市）で行なわれる。正式名は「大島祭」。俗に、「海人（あま）まつり」ともいう。

当日の早朝、漁師が漁に出て獲った魚を捧げて、3キロほど沖合にある大島に渡る。そこに祀られている海神にそれを献じて、海の安全と大漁を祈願する。神事のあと、神主と祭主はまんどう船（満胴船）に乗り込み、和具に帰る。まんどう船とは、船の胴の間に漁獲物を満載できる、ということに由来した名称である。

海上では、船どうし人どうしが潮水をかけあったり、海に投げ入れたりする。これは、互いに穢（けがれ）を祓い清めるという意味をもつ。まんどう船に最初に潮水をかけた船は大漁となる、といい伝えられている。

伊雑宮御田植祭（いざわのみやおたうえまつり）

伊雑宮（志摩市）は、伊勢神宮の別宮である。そこで、6月24日行なわれる御田植祭は、「おみた」と呼ばれ、志摩第一の大祭として近郊の人びとに親しまれてきた。古式にのっとった大田植で、住吉神社（大阪府）、香取神宮（千葉県）とともに、日本三大田植祭のひとつに数えられている。その起源は、平安末にさかのぼるともいわれるが、記録上では、南北朝時代の建武2（1335）年に行なわれたまつりがもっとも古い。その後、明治4（1871）年の神宮改革で一時中断されたが、明治15年に磯部村の人びとによって虫除祈願という名目で再興され、今日に至っている。

まつりは、午前10時過ぎにはじまる。奉仕者一同が伊雑宮へ参拝。神事の後、早苗を捧げて御神田へ向かう。

午前11時、神官が御神田を清め、作長は、左・右・中と早苗を奉下する。その後、田道人、早乙女たちが苗場を3周半して早苗を取る。それが終わると、地元の青年たちによって勇壮な「竹取神事」がはじまる。竹取神事は、田道人が「太一」と記した大団扇を飾った十数メートルの青竹を杭から解き、三度あおいで御神田に倒しかけると、待機していた男たちが褌姿で泥田に駆け込み、竹飾りを奪い合うというものである。奪った一片は、船霊に祀り、大漁と海上安全のお守りにされる。

次に、踏み荒らされた田をエブリ（田ならし板）で均して田植えがはじまる。囃子が響くなか、田道人や早乙女が1列に並んで植えていく。半分終わったところで小休止。その間、ささら方2人が進み出て、鼓役の「ヤーハー、オンハー」という囃子で「刺鳥差の舞」を舞う。

午後3時ごろ、田植えが終わると、御神田から約2時間をかけて伊雑宮一の鳥居まで練る。これを「踊り込み」という。その後、参列者一同が鳥居内に整列し、鼓役・ささら方2人が「千秋楽の舞」を舞い、これをもって神事の終了とする。

伊雑宮御田植祭は、「磯部の御神田」として、平成2（1990）年に国の重要無形民俗文化財に指定された。

志摩加茂五郷の盆祭行事

加茂五郷（船津・河内・岩倉・松尾・白木）を共通の墓地とした隠田が岡で行なっていた盆祭。ここに「盆祭」という言葉が伝わる。明治以降は、神社での行事だけが「まつり」ととらえられがちであるが、古くは共同体での行事のほとんどがまつりであった。いまでも雛まつりや七夕まつりという言葉が部分的には伝わっているが、盆も盆まつりであったのだ。

ここでの盆祭は、文禄の役（1592～93年）の戦死者を弔ったのがはじまり、といわれるが、誰がどのようないきさつで参戦したかは不明である。明治時代に墓地が各郷に分散したため行事も分散して縮小。現在も柱松行事を行なっているのは、松尾と河内の2地区だけである。

この盆行事は、8月14日のネンブツイレ（大念仏ともいう）と15日のヒバシラマツリ（柱松行事）からなる。ともに夕刻以降、若者組が中心となって行なう。

ネンブツイレは、若者組が、鉦や太鼓、法螺貝、横笛などを奏し、これにあわせて「念仏」と称する踊りを繰り返しながら町内を一巡するもの。ヒバシラマツリでは、若者頭の指示に従い、若者・中老・寄老が役割分担して諸準備を整えた後、新盆を迎える家の墓前で「念仏」を繰り返し踊る。

深夜になって、祭場に立てられた高さ10メートルほどの柱松に点火。この柱松は、スギの葉、ミョウガの茎などを綯い込んだ3本の藁綱で支えられ、頂に百足旗・扇旗・兎旗が挿しこまれたツボキ（受け）がしつらえてある。そのツボキをめがけて、若者たちが松明を投げあげ点火するのが慣例。燃え落ちたところで行事が終わるが、柱松の倒れ方によって吉凶を占う、とも伝えられている。

もっとも注目すべきは、この行事が、若者・中老・寄老という年齢階梯制にもとづき地域全体で厳格に実施、継承されてきたことである。ネンブツイレやヒバシラマツリには、祖霊信仰の趣旨が顕著であることはいうをまたない。盆の柱松行事は、中部・近畿地方に濃く分布しており、送り火のひとつ、とされる。そのなかでも加茂五郷の盆祭行事は、その典型例として重要であり、昭和62（1987）年に国の重要無形民俗文化財に指定されている。

伊勢神宮の神嘗祭

その年の新穀の初穂を最初に神々に捧げて感謝するまつり。シンジョウサイ、カンニエノマツリともいう。神宮の数多い祭礼のなかでもとくに由緒ある重要祭祀のひとつで、「神宮の正月」ともいわれる。これにあわせてさまざまな祭具が新調される。

神嘗祭は、10月15日の宵から17日の暁にかけて外宮・内宮で斎行される。それに先立って、4月初旬に神田下種祭、5月上旬に御田植初、9月上旬に抜穂祭がある。神田から新穀が調進され、9月30日には大祓の儀があり、さらに10月15日には御卜の儀を行なって奉仕者のひとりひとりが神の御心にかなうかどうかの託を受ける。同じ日、興玉神祭といって、地主神のまつりも執行される。その後、いよいよ神田でつくられた新米の御飯、御餅をはじめさまざまな神饌を供える由貴大御饌が奉仕される（外宮が15日宵・16日暁、内宮が16日宵・17日暁）のである。

それからも25日まで、関連行事が摂社・末社で斎行される。伊勢市民もこれを「伊勢の大まつり」と呼び、大々的に祝うのである。

なお、11月23日には、今度は宮中で天皇が新穀を神に捧げる新嘗祭(にいなめさい)が行なわれる。神嘗祭と新嘗祭は、古来、稲作農業を重んじてきた日本の歴史を表徴する祭礼として今日に至っているのである。

民間社会でも、稲の収穫を祝う「秋まつり」が連綿と伝わる。明治から昭和の第二次世界大戦時まで神社神道が公事化されていた時代、各地の秋まつりも新嘗祭と称していた。が、その呼称はどうであれ、私たち日本人が稲作を最大事としてきたことに変りはないのである。

ハレの日の食事

新鮮なカツオやマグロ、タイ、アジなどを薄く切り、醤油や調味液に漬け込んで味がなじんだところでサンショウや青ジソとともに捏(こ)ねるようにしてすし飯と混ぜた「手こねずし」は、冠婚葬祭には欠かせないごちそうである。もともとは、志摩地方の漁師がカツオ漁に出る際、船上で手早くできる料理法としてあみだした漁師料理であった。

とくに、山間の地では、塩蔵したコノシロと飯をあわせて乳酸発酵させたこのしろずし（熟(なれ)ずし）が正月やまつりによく食されてきた。

ほかにも、熟(なれ)ずし・押しずしなど、その種類は豊富で、まつりにすしは不可欠である。

伊勢は、茶どころである。そして、餅どころである。とくに、伊勢街道沿いには「餅や千軒」といわれるほどに名物餅が多く、伊勢参宮の人たちの「食うが極楽」であった。その代表的な餅が赤福や二軒茶屋餅で、現在にも伝わる。

寺社信仰

伊勢神宮

寺社信仰の特色

三重県伊勢市には日本随一の聖地、伊勢神宮がある。天皇家の氏神で、日本総鎮守とされ、全国の天照大神（神明／天祖／皇大）信仰の総本宮となっている。20年ごとに殿社を造り替える式年遷宮では、〈伊勢の『お木曳き』行事〉‡や〈伊勢の『白石持ち』行事〉‡が伝承されている。

伊勢信仰は〈伊勢太神楽〉†などによって全国に広められ、今も山本源太夫らが桑名市の増田神社などに奉納を続けている。

伊勢神宮と両参りの信仰を集めたのが同市、朝熊山の金剛證寺で、日本三大虚空蔵菩薩の第1位とされ、岳参りの民俗でも参詣を集める。

津市の恵日山観音寺も、伊勢神宮天照大神本地仏の国府阿弥陀如来を祀ったことで、伊勢神宮と両参りの信仰を集めた。本尊の津観音は日本三大観音にも数えられている。

伊勢神宮は年間1,000万人を超える参拝者を集めるが、県内でそれに次ぐのは伊勢市の二見興玉神社とされる。境内にある夫婦岩の間から昇る日の大神を礼拝する人々は今も絶えない。

県内には伊勢・伊賀・志摩の3国の一宮も鎮座している。

伊勢一宮は鈴鹿市の都波岐神社または椿大神社で、猿田彦信仰の総本社とされている。二宮は桑名市の多度大社で、伊勢神宮との両参りの信仰を集め、北伊勢大神宮とも称された。

伊賀一宮は伊賀市の敢国神社で、伊賀国内唯一の式内大社である。二宮の小宮神社と三宮の波多岐神社も同市にある。

志摩一宮は志摩市の伊雑宮および鳥羽市の伊射波神社とされる。伊雑宮は皇大神宮の別宮で、日本三大御田植祭の〈磯部の御神田〉†を伝える。伊射波神社は志摩国海上守護の志摩大明神と崇められた。両市は漁業が盛んで、志摩市には〈志摩半島の生産用具及び関連資料〉‡が、鳥羽市には〈伊勢湾・志摩半島・熊野灘の漁撈用具〉†が伝わる。

凡例　†：国指定の重要無形／有形民俗文化財、‡：登録有形民俗文化財と記録作成等の措置を講ずべき無形の民俗文化財。また巡礼の霊場（札所）となっている場合は算用数字を用いて略記した

主な寺社信仰

猪名部神社（いなべ）　東員町北大社。饒速日命の6世の孫で員弁の祖となった伊香我色男命を主神とし、春澄善縄卿を併せ祀る。善縄は猪名部造が本姓で、祖父の員弁財麿は伊勢国員弁郡の少領（郡司の第2位）であった。参議式部大輔従二位に昇り、文学博士となり、『続日本後紀』を編纂するなど活躍、現在は学問の神として崇められている。創祀は不明だが、873年9月9日に善縄の長女が氏神の猪名部神社に稲を奉納したと『日本三代実録』に記されている。猪名部氏は摂津国の猪名川に根源をもつ豪族と伝え、奈良の法隆寺・石山寺・興福寺などの建立に携わり、東大寺の創建に際しては猪名部百世が大工（棟梁）を務めている。4月の大社祭には〈猪名部神社 上げ馬神事〉が行われ、騎馬が坂を一気に駆け上がり、稲作の吉凶を占う。

春日神社（かすが）　桑名市本町。桑名藩の城下町、東海道の宿場町、伊勢参宮の出発地として栄えた桑名の中心部に鎮座。桑名の総鎮守。桑名神社（三崎大明神）と中臣神社（春日大明神）の両式内社から成り、桑名宗社と称する。桑名神社は桑名を拓いた桑名首の祖神である天津彦根命と天久々斯比乃神の親子神を祀る。中臣神社は伊勢国造の遠祖とされる天日別命を祀り、1289年に山上から桑名神社境内に遷され、1296年に奈良の春日大社から春日四柱神を勧請合祀した。8月の〈桑名石取祭の祭車行事〉†は、30数台の祭車が鉦や太鼓を激しく打ち鳴らし囃すため、日本一喧しい祭といわれる。祭車を曳くのは町内の人ではなく、周辺農村部の人々である。川原祓した町屋川で採取した清らかな石を奉納する祭で、祭が終わると献石俵から石を取り出して拝殿前に撒き、祭地を浄める。

鳥出神社（とりで）　四日市市富田。富田6郷の総氏神で、日本武尊と事代主神を祀る。昔は飛鳥明神を祀り、飛鳥社と称された。当地は白鳥と化した日本武尊が飛び出た地ゆえ鳥出とよばれたという。富田は伊勢神宮の御厨の一つで、本殿の造営は伊勢神宮の式年遷宮に際して古宮の用材を拝領して行われた。8月14日・15日の例祭には〈鳥出神社の鯨船行事〉†が営まれる。北勢地方に分布する陸上模擬捕鯨行事の代表格で、鯨を発見して荒海を追い、銛を打って鯨を突き仕留めるまでの一連の捕鯨の様子を豪快に演じ、大漁や富貴を祈願する。鯨船は５輪のコマ（車輪）が付いた全長約9mの山車で、豪華な彫刻や幕で飾られ、その燦美は観る人を唖然とさせる。北島組の神社丸、中島組の神徳丸、南島組の感応丸、古川町の権現丸の4隻が曳き出され、羽刺や櫓漕の男児が乗り込み、張子の鯨を追う。

如来寺

鈴鹿市三日市。真宗高田派。隣接する太子寺とともに真宗高田派の本山兼帯所（本山法主が住職を兼帯する直轄寺院）であった。下野高田専修寺派の善光寺勧進聖の念仏道場は、善光寺阿弥陀如来堂と四天王寺聖徳太子堂を並列させるのが古態である。津市にある真宗高田派本山の専修寺よりも古い創建で、伊勢国真宗発祥の地と伝える。1310年７月４日、浄土真宗開祖親鸞上人の高弟で専修寺３世の顕智上人は、当地で説法中、村はずれの一ツ橋を最後に行方不明となった。村人は念仏を唱えながら雨の中を夜を徹して捜したがついに見つからなかったという。寺では上人の等身大の木造坐像（伝鎌倉時代作）を祀り、命日の８月４日には当時のままに蓑笠を身に付け、提灯を手に念仏を唱えながら町内を巡る〈オンナイ念仏会〉を続けている。オンナイとは御身無いの転訛ともいわれる。

仲山神社

津市美杉町下之川。八手俣川の中流域北岸に鎮座。金山彦命を祀り、大己貴命と天児屋根命を配祀、熊野久須比命ほか14神を合祀する。昔は金生大明神と崇められた。本殿は1333年の上棟で、美杉町多気に本拠を置く北畠氏の祈願所であったと伝える。例祭は10月13日であるが、２月11日の〈牛蒡祭〉が盛大に営まれている。地区で集めた牛蒡を調理し、山椒味噌や唐辛子味噌で和え、朴葉に包んで神に供える。この供物は精力強壮薬とされ、神事後は参拝者に振る舞われる。巨大な男女の性器を木と藁で象った神輿が繰り出すことからヘノコ祭とも称される。昔は旧暦１月15日が本祭であった。当日は４本の矢を放つ御弓神事（的射）や、鯔を古式作法で調理する俎板行事（九切祭／小笠原流包丁式）も行われる。

神麻続機殿神社

松阪市井口中町。櫛田川下流東岸に鎮座。倭姫命が長田郷に機殿を立てて麻績社と号したのが始まりと伝え、後に流田郷の服村を経て井手郷の現在地へ1079年に遷されたという。伊勢神宮の神御衣祭に供える荒妙（麻布）を調進する八尋殿の鎮守として天八坂彦命を祀る。麻績氏が祭祀した。下流にあって服部氏が和妙（絹布）を調進する神服織機殿神社に対して上機殿や上館様とも称される。両機殿では今も5月と10月に〈御衣奉織行事〉が営まれている。こうした機織りの伝統が〈松阪木綿の紡織習俗〉‡を生み出したと考えられている。伊勢商人の中核をなす松阪商人は、上質で縦縞が特徴的な松阪木綿を扱うことで豪商となった。三井財閥の礎を築いた三井高利が生まれ育ったのも松阪である。伊勢商人は近江商人の後裔で、江戸に伊勢屋を無数に開いた。

高向大社　伊勢市御薗町高向。旧高向郷の中心に鎮座。上社とよばれ、昔は七所大明神や八王子社とも称された。1908年に神村（鏑）社と山神社を合祀。現在は素戔嗚命・奥津嶋姫命・湍津嶋姫命・大己貴命・下照姫命・八大龍王・市杵島姫命・大山祇神を祀る。例祭は2月11日で、社の分霊を自宅に祀る禱屋によって〈御頭神事〉†が伝承されている。御頭は獅子頭の尊称で、大社の頭は雄26歳、神村社のは雌23歳という。氏子宅を戸ごとに祓っては布久目物（金一封）を受けて災厄を一身に引き受け、最後に刀で切られて氏子の身代わりに死ぬ（切り祓い）。御頭は1038年に本瀧定行が鯛祭田の柳で刻んだもので、1182年頃の悪疫蔓延に際して正法寺の木椙（宇須野神社の杉の脂から化生）に神が乗り移り、御頭を出して村中祓いの舞を踊り回ったところ止んだのが始まりと伝える。

菅原神社　伊賀市上野東町。12世紀後半、上野山に真言宗平楽寺が創建された際、伽藍神として農耕神祇に発祥する神々を祀ったのが始まりと伝える。1611年に藤堂高虎が上野城の改修を始めると当地へ遷座され、城郭の鎮守、城下町の氏神とされた。1672年には俳諧で身を立てると決めた松尾芭蕉が処女作『貝おほい』を奉納して文運を祈っている。現在は旧上野町域の産土神、文学の祖神、牛馬の守護神と崇められている。10月23～25日の秋祭には〈上野天神祭のダンジリ行事〉†が営まれる。23日・24日は宵宮祭で、9基の絢爛豪華な楼車に紅提灯の火が点り、人々が宵宮詣をする。25日の本祭には神輿の渡御があり、五大力明王を表す大御幣、100体を超す鬼の行列、各町の印と楼車が供奉し、町内を巡行する。10月に市内では〈勝手神社の神事踊〉‡も行われる。

極楽寺　名張市赤目町一ノ井。赤目四十八滝の入口に建つ。昔は寺領広大で、前面一帯の山林は不動山、田地は松明田とよばれた。

西境山大徳院と号す。真言宗豊山派。伊賀88-50、三重88-49、伊賀33-02。本尊は不動明王。12世紀末頃、若狭の南無観長者と協力して東大寺の二月堂を再興した道観が開基したと伝える。道観は当地の長者で、護持仏の不動明王像と、二月堂の本尊と同じ十一面観音像を寺山に祀り、堂宇を創建したという。道観は二月堂の再興に併せて修二会（御水取り）に使う松明の調進を始めたとも伝え、道観の没後は遺言により一ノ井の住民たちが引き継いだという。現在は住職や松明講の人々によって、1月から3月にかけて〈一ノ井の松明調進行事〉が続けられており、2月11日に松明20束を境内で拵え、3月10日に道観塚へと練行し、3月12日に東大寺に奉納している。

安乗神社　志摩市阿児町安乗。的矢湾の入口をなす安乗崎（灯明崎）の的場山（八幡山）に鎮座。16世紀に三浦新介（国府内膳正）が当地に畔乗城を築いた際に八幡神を祀ったのが始まりと思われる。1592年、志摩国主の九鬼嘉隆が文禄の役に水軍を出した際、安乗沖で凪となり船が停止したため、当社に参拝して戦勝祈願したところ順風が起こり、彼の地で武功を立てた。その御礼参りの際に地名を安乗に改めたと伝える。1906年に5男3女を祀る大潮社（八皇子社）などを合祀し、1908年に伊弉諾命・伊弉冉命を祀る安乗神社（産土宮／御霊宮）を合祀して現称とした。9月15日の例祭には神賑として境内の船底形舞台で〈安乗の人形芝居〉† （安乗文楽）が奉納される。3人遣いの素朴な人形芝居で、1月2日には新年の大漁祈願と海上安全に式三番（千歳・翁・三番叟）を舞わせる。

真巌寺　尾鷲市九鬼町。曹洞宗。織田信長に従い鉄甲船で毛利水軍600隻を撃破して怖れられた九鬼水軍発祥の地に建つ。九鬼氏祖の藤原（九鬼）隆信が創建した薬師寺に始まると伝え、本尊の木造薬師如来坐像の膝裏には1329年の墨書銘が残る。嫡子の隆治は城内に天満天神を祀り、九木神社を創祀したという。1633年頃に真巌元達が入寺し、1644年の再建で延命庵と林泉庵を併合し現称に改めた。1月3日には境内で賀儀取が古式作法で四立弓を射る鰤祭（九木神社の本祭）が行われるが、これは12月31日晩のヒョウケンギョウの火焚祭に始まる予祝行事の一つで、雲丹供養のニラクラ祭や炭泥での相撲とともに〈尾鷲九木浦の正月行事〉‡ と総称されている。昔は旧暦12月30日～1月8日に行われており、本尊に対するオコナイの行事であったと考えられている。行事の原型は元達がつくったと伝える。

地蔵寺（ちぞうじ）　尾鷲（おわせ）市梶賀町（かじかちょう）。曹洞宗。延命山と号す。由緒不詳ながらも、1773年に大雄住職が伊勢津釜屋町の藤原種茂に鋳造させた銅鐘が残る。梶賀浦（かじがうら）の信仰を集め、毎年小正月には曽根（そね）や古江（ふるえ）から伴僧を招いて法要を営んできた。現在は成人の日にハラソ祭として大般若経を転読し、鯨（くじら）供養と大漁祈願の浦祈禱を行っている。浦人は船尾に大漁旗や吹流（ふきながし）を飾ったハラソ船で伴僧を送ると、赤い襦袢（じゅばん）に着替え、顔を白く塗って口紅で化粧し、梶賀・曽根・古江・賀田（かた）の総鎮守である飛鳥（あすか）神社に鯨突きを奉納する。ハラソ、ハラソの掛声で八丁櫓を操り、羽刺（はだし）が艫（とも）先から銛（もり）を投じるのである。梶賀では鯨石・竜宮島・氏神様・空神様（そらがみ）・竈神様（かまどがみ）などにも奉納する。突きの動作や漕法に鯨漁の古式を伝承し、今も各地に残る〈北勢（ほくせい）・熊野の鯨船行事〉‡で実際に海へ出るのは梶賀のみである。

伝統工芸

伊賀くみひも

地域の特性

三重県は、紀伊半島東部にあり、愛知県、岐阜県、滋賀県、京都府、奈良県、和歌山県の6府県と接していて、観光地を訪れる旅人も多く、文化交流が盛んな地域である。地形は、県のほぼ中央に中央構造線があり、その北側は養老、鈴鹿、布引、高見の山地と、上野盆地、伊勢平野の低地とからなっている。南側は熊野川河口の低地のほかは、県内最高峰の大台ヶ原山（標高1695m）がそびえる紀伊山地にほぼ覆われている。県の東側には伊勢湾と熊野灘の海が広がる。

縄文時代の遺跡から他地域の土器などが出土し、早くから陸路や海路を通じた各地との交流があったと思われる。かつては、伊勢国、伊賀国、志摩国と、紀伊国の一部が置かれた。平安時代は平家、南北朝時代には北畠氏が勢力を得た。戦国時代に、北勢四十八家（ほくせいしじゅうはちけ）と呼ばれる豪族が活躍したが、織田信長に制圧される。江戸時代は、桑名藩、長島藩、紀州藩など数多くの地域に分割統治された。

明治時代に入り藩の統治は終わり、農業・漁業に加えて、交通至便な立地を活かし、四日市市を中心に工業が発達した。一方、1300年の歴史を有する伊勢神宮や、自然の美しい伊勢・志摩、熊野古道などがあり、観光産業も発展した。三重県は、北部の工業、南部の観光による強力な経済力をもとに、独自の文化を創造し続けている。

伝統工芸の特徴とその由来

三重県の北西部にある上野盆地は、約1万年前まで、北は近江盆地を含む広大な「古琵琶湖」と呼ばれる湖の一部であった。その後、湖は南から北へ移動し、湖に堆積した良質な陶土を含む古琵琶湖層群という地層が残された。この陶土を布引山地などで採れるアカマツを燃料とする窯で焼いた陶器が、桃山時代に茶道に通じた武将の下で開花し、伊賀焼となった。一方、四日市萬古焼は、江戸時代に地元の鉄分を含む粘土で作陶したことに始まり、煎茶道の隆盛と相まって紫泥など独自の急須を代表的な作品とする工芸品となった。

現在の松阪市には、古墳時代に大陸から染織の技をもつ人々が来住したといわれている地区がある。時代が流れ、江戸時代には、伊勢湾岸の綿と藍染めが南方伝来の縞柄と出会って松阪木綿が誕生し、江戸を中心に全国に販売された。伊賀では、絹糸を染めて組む伝統工芸の組紐が、明治時代の帯締めに活かされて地場産業となった。小紋の柄を染めるときに用いる型紙は、江戸時代に紀州藩の保護のもとで裃（かみしも）の染色に用いられて発展し、今も伊勢型紙として全国の小紋型の99％を占めている。紀州藩は、鈴鹿山地のマツを材料とする鈴鹿墨の生産も奨励した。

知っておきたい主な伝統工芸品

伊賀（いが）くみひも（伊賀市、名張市）

伊賀くみひもの代表的な製品、帯締めは、きものの帯を胴に巻いて結んだ後、帯を締める紐である。絹糸を染色し、撚（よ）りをかけ、組み上げた幅1～2cm、長さ150～170cm程度の組紐で、帯を緩まぬように固定するとともに、おしゃれのセンスの見せ所となる小物である。伊賀くみひもの帯締めは、締めやすく緩みにくい使い勝手のよさに、金銀を含む多彩な色使いと、ときには文字を組み込むほど高度な技術による豊富な意匠とに特徴がある。全国の手組の帯締めの生産の約9割を生産している。

帯締めづくりは、必要な絹糸を計量する「糸割（いとわ）り」から始まる。計量した絹糸を調合した染料に浸し、熟練の技で色の濃淡を整え、ぼかしなどにも染める。染色した糸を、組むための重さと長さに整え、撚りをかける。組み上げには、紐の形状に合わせて、丸台、角台、綾竹台と呼ばれる組台を用いる。帯締めの両端の房付けなどを行って仕上げる。

伊賀では、4～5世紀のものと推察される紐が発見されている。14世紀末（南北朝時代）には、伊賀発祥の能の装束（しょうぞく）などに組紐が用いられていた。戦国時代末期の忍者が組紐を用いた記録もある。養蚕が盛んで大消費地である京都に近いなど組紐製造に適していたが、地場産業としての出発は、1902（明治35）年に広沢徳三郎（ひろさわとくさぶろう）が東京で習得した組紐の技術を帯締めや羽織紐などに活かしたことにある。現在では、帯締めのほかに、ストラップやマフラー、アクセサリーなど身近なところでも愛用されている。また、伊賀市には、組紐を体験できる「伊賀伝統伝承館 伊賀くみひも 組匠の里」がある。

松阪木綿（松阪市）

松阪木綿は、天然藍染めの木綿糸を、子持縞や碁盤格子などさまざまな縞柄に織り上げるところに特徴のある綿織物である。藍色の濃淡が生み出す縞柄は千差万別で、好みの柄を誂えることもできる。手織りの風合いに、柔らかく暖かい木綿の肌触りと、優れた吸湿性を備えている。

松阪木綿を織るには、柄を定め、経（縦）糸に必要な木綿糸を準備し、1反の幅に模様の色の順に手順を経て、千切と呼ばれる芯に巻き、織機に置く。糸を、上下に動く綜絖の880本の針金の穴に1本1本通し、通った糸を筬に通す。織機の経糸に杼を使って緯（横）糸を通して織る。半反織り上げるのに、1日6～8時間作業して約1週間かかる仕事である。

松阪市には、5世紀頃、大陸から機織りの技術をもつ「呉織」などと呼ばれる人々が来住し、後に伊勢神宮に絹織物を献上してきた地域があり、高度な染織技法が伝承されている。さらに後に、松阪の貿易商が現在のベトナムから柳葉の葉脈に似た細い縞柄の綿布「柳条布」をもたらし「松坂嶋」が生み出される。江戸時代には、木綿栽培に適した温暖な気候と水はけのよさ、干鰯などの肥料が揃う伊勢湾岸で良質のワタが採れるようになり、木綿の藍染めも盛んになった。当時、江戸には倹約令が出され、美麗なきものが禁じられていたため、一見無地のようで実は粋な縞柄を楽しめる松坂嶋は大流行した。現在では、手織木綿伝承グループ「ゆうづる会」を中心に技法の伝承や普及が行われている。

伊勢型紙（鈴鹿市）

伊勢型紙は、染小紋や印伝などの柄を染めるために使うもので、美濃和紙を柿渋で張り合わせ、強くて伸縮しない型地紙を、彫刻刀で彫り抜いてつくる。彫刻の技法は、「縞彫り」「突彫り」「道具彫り」「錐彫り」の4種類あり、万筋のような極細の縞や、鮫小紋というきわめて小さな点を組み合わせた模様など、遠目には無地に見えて、近づくと繊細で粋な柄が見えてくる緻密な仕事をするところに特徴がある。

染型紙は、美濃和紙を寝かせた柿渋に張り合わせ、燻煙と乾燥を行ってつくられる。縞彫りは、定規と彫刻刃で均等の縞柄を彫る技法だが、1本の縞を三度小刃でなぞる正確な技術が求められる。突彫りは、5～8枚の型地紙を重ね、垂直に突くようにして前に彫り進む技法である。道具彫りは、刃先が花や扇などの形につくられた彫刻刃で模様を彫り抜く技法で、道具づくりも彫師が行う。錐彫りは、彫刻刃の半円形の刃先を型地紙に垂直に立て、回転させながら小さな孔を彫る技法で、染小紋の行儀、あられなどの柄に用いられる。

型紙の歴史は奈良時代に始まるといわれるが、伊勢には和紙や型染などがなく、京都や紀州などほかから伝えられたと考えられている。江戸時代に、紀州藩のもとで、武士の裃の型染用として発展した。彫りと染めの職人の協力で精緻な柄が編み出され、型売り業者が紀州藩を背景に全国に販路を広げた。明治時代以降も、きものの動向と歩みをともにし、第二次世界大戦で大打撃を受け、終戦後、昭和40（1965）年代を頂点として減退した。きもの離れが進む現在は、技術を活かす照明器具やアクセサリーなど新たな分野を開拓している。

四日市萬古焼（よっかいちばんこやき）（四日市市、桑名市、鈴鹿市ほか）

四日市萬古焼といえば、まず、紫泥の急須である。鉄分の多い陶土を薄く巧みに成形し還元焼成（かんげんしょうせい）する。すなわち酸素を控え蒸し焼きのような状態で焼くと、渋い小豆色で、軽く、お茶を注いだときに切れがよく、使いやすい急須ができる。使うたびに手の油分や茶渋で味わいのある色合いとなり、艶も増す。なお、十分な酸素を入れて酸化焼成すると、朱泥と呼ばれる、使い込むことで鮮やかな朱色になる急須ができる。

土鍋も四日市萬古焼を代表する製品である。陶土にリチウム鉱石を混ぜる特許を得た製法による、耐熱・耐久性に優れた土鍋は、国内の生産高の8割に及ぶ。さらに、磁土と陶土を半々にした生地でつくられる半磁器の食器は、陶器のような温かみをもち、磁器より低温で焼成できるのに丈夫で、絵付けの発色もよいという特徴で市場を拡大している。

四日市萬古焼は、江戸時代の元文年間（1736～41年）、茶道を嗜む商人である沼波弄山（ぬなみろうざん）が桑名に窯を設けて茶器を焼き、自作に「萬古不易（いつまでも変わらない）」の印を押したことに始まった。弄山の死後は一時期途絶えたが、江戸時代後期に、古物商の森有節（もりゆうせつ）が再興し、当時流行した煎茶の急須などを製作した。現在食器の主流となっている半磁器は明治時代末期（1911（明治44）年頃）に水谷寅次郎（みずたにとらじろう）がつくり出したものである。「古萬古」「有節萬古」「明治萬古」と呼ばれるような、特徴のある独自の技法を伝え、明治時代以降に四日市の港を利用して石炭燃料を入手し、製品を発送することにより全国的な陶磁器産地として発展してきた。

伊賀焼（いがやき）（伊賀市、名張市）

伊賀焼には、桃山時代の武将茶人好みの荒々しくも優雅な古伊賀独特の美を放つ茶陶の流れを汲むやきものと、江戸時代につくられるようになった日常の器を源流とする土鍋や盛り映えのする皿などの食の器と、それぞれに魅力のある特徴が受け継がれている。

伊賀焼は、400万年前に生息していた生物や植物の遺骸が多く含まれる「古琵琶湖層群」と呼ばれる地層から産出される陶土を用いる。この土は、高温で焼成すると遺骸の部分が燃え尽きて細かな気孔ができて多孔質となり、ごつごつした肌や、食材にじっくり熱を伝える効果をもつやきものになる。装飾として素地に線彫りやへら目をつけたり、呉須（磁器の染付けに用いる鉱物質（青藍色（せいらんしょく））の顔料）などによる絵付けや灰釉（かいゆう）を掛けたりする。また、この素地を登り窯で焼成すれば、灰が器物に掛かって生じる緑色のガラス質のビードロ釉などの窯変や、器物の歪みが生じて豪放な特徴が現れる。

伊賀では、良質な陶土と薪に最適なアカマツに恵まれ、奈良時代には擂鉢（すりばち）や壺などが焼かれたといわれている。桃山時代に、伊賀国の領主の筒井定次や藤堂高虎などのもとで、古田織部（ふるたおりべ）などの指導を得て、豪快な茶陶が生み出された。桃山時代の終焉とともに、一時期衰退したが、江戸時代中期には行平（ゆきひら）や焙烙（ほうろく）など暮らしの器が焼かれ、現在の伊賀焼の基盤が築かれた。伊賀市の丸柱にある伊賀焼伝統産業会館では、伊賀焼の展示と体験教室が行われており、伊賀焼について学ぶことができる。

鈴鹿墨（すずかすみ）（鈴鹿市）

鈴鹿墨の特徴は、上品で深みのある墨色が、基本となる線とにじみとに具合よく発色するところにある。どのように発色させるかは、墨の材料である煤（すす）の質や膠（にかわ）の量や、煤と膠の配合の割合などにより、漢字、仮名、水墨画など用途に合うように整えられる。書や画を描く作家にぴたりと合う墨色が出せるところに鈴鹿墨の真骨頂がある。

煤は、マツを胡麻油や菜種油で燃やしたもので、膠は、動物の脊髄からとれるものである。膠に水を加えて湯煎し、不純物を取り除き水飴状になった液に煤を加えて混ぜ合わせ、麝香などの香料を入れた墨玉を手で揉む。足の踵でも踏みながらよく練ることで、煤と膠をよく混ぜ、適度に空気を抜く。この揉み加減は、墨のできを左右する。型に入れて取り出し、徐々に乾燥し、貝殻で磨いて光沢を出す。鈴鹿山地などのマツ、伊勢湾の貝など、自然の恵みを基本とする伝統工芸である。

鈴鹿では、平安時代初期に山で採れるマツを燃やして油煙を取り、膠で固めて墨をつくったと伝えられている。江戸時代になると、全国の藩の運営や、商家、寺子屋などで墨の需要が高まり、紀州藩の保護を背景に、鈴鹿での墨の生産が盛んになった。鈴鹿墨は1980（昭和55）年に、通商産業大臣（現・経済産業大臣）指定伝統的工芸品に指定された。

民　話

地域の特徴

三重県は南北に長く、東は海、西は山と、山と海に囲まれている。海・山・平地をあわせもち、変化に富んだ自然に恵まれた土地である。三重県域はかつて伊勢・伊賀・志摩・紀伊の一部と四つに分かれており、生活・風俗・慣習にそれぞれ特性をもった地域であった。廃藩置県で当初は11県となったが統合し、今の三重県を形づくったという経緯から、三重県とひとまとめにするのは難しい。

三重県で最も注目されるのは伊勢神宮である。おかげ参りや「ええじゃないか」といった歴史に残る爆発的なお伊勢参りには、御師（おんし）たちの日常の活動が奏効し、多くの人々がお伊勢参りをした。伊勢およびそこへ向かう道は、2004（平成16）年に「紀伊山地の霊場と参詣道」としてユネスコの世界遺産に登録された。その熊野古道は、伊勢と熊野を結ぶ道である。また、伊賀は忍者、志摩は海女というように、他県にない特徴的な文化がある。

県の産業はかつては林業と農業であり、新天地を求めて北海道開拓者も多かった。畿内に近く、海上交通の盛んな伊勢からは多くの大商人が生まれ、伊勢商人として活躍した。近代以降、地場産業である鋳物工業や窯業（ようぎょう）に加え、紡績業などの繊維工業も発達し、戦後は石油コンビナートを中心にした石油化学工業地域として発展する方面、四日市ぜんそくといった公害問題も抱えた。

伝承と特徴

三重県の民話の伝承について、これまで「昔話資料は大変少ない」「昔話の未調査地域が多いが、総じて他県よりも伝承状態はよくない」（『日本昔話事典』）というように、昔話の報告例が少なく、未調査地も多く、そして、伝承状態が良くないことが指摘されてきた。ところが、『三重県南

昔話集　上』に目を通すと、三重県南部だけで300を超える昔話が採録されている。決して昔話が少なく、伝承状態が悪いのではなく、未調査のために報告例が少なかったのだということがわかる。

報告例が少なかったのはやはり三重県という土地柄によるものではないだろうか。三重県には伊勢神宮があり、お伊勢参りの人々の行き来が盛んであったし、熊野詣での人々も多かった。古くからこうした信仰の道があり、そこにお伊勢参りや熊野詣での人々が行き来することで伝説が運ばれ、伝承されてきた。お伊勢参りに関するもの、都の人とかかわるもの、神のことなど数多くが伝説となった。それだけではない。山には忍者、海には海女といった特徴的な文化もあった。人々が海から山へ、山から海へと行き交うことでさまざまな伝説を育んできたのである。

また、三重県には18世紀後期にロシアに漂着し日本に帰った大黒屋光太夫や、北海道の名付け親となった松浦武四郎など、この地を離れ、海の向こうに出ていった人の伝説がある。また徐福のように、海の向こうから渡来する人などの異色な伝説もある。こうした伝説への強い関心が、逆に昔話採録を鈍らせる原因の一つなのではなかったろうか。

おもな民話(昔話)

三井寺の鐘

志摩の昔話である。むかし魚屋が魚を売りにいくと、子どもたちが蛇をいじめていた。そこでその蛇をくれと言うと、殺すからやらないと言うので、魚を売った金で蛇を買って逃してやった。するとその蛇が女になり、夜になって魚屋の男のところに泊めてくれと来た。男はことわったが、どうしても泊めてほしいと言われ、ふたりは夫婦になり、子どもができた。出産のとき、女は決して見るなと言ったが、音がするので男が覗(のぞ)くと蛇体が見えた。女は見られたのを知り暇をくれと言ったが、男はお前に暇をやったら娘を育てられないと許さなかった。女は娘は育つようにすると言って、目をくり抜き、置いて去った。それから娘が泣くと、その目を舐めさせて育てた。娘は大きくなり、その目を持って外に出るようになると、美しいものを持っていると評判になった。評判を知ったお上が持ってこいと言い、持って行くと、これは対だから2つ持ってこい、持って来ないと親子で殺すと言った。娘は困ったが、母が会いたいときは湖のそばに来て叫べと言ったことを思い出し、近江の湖に行って「かあさん」と泣き叫ぶと、蛇の母が出てきた。母に話すと、母は泣きながら2つあげたら見えなくなり、暮れたか明けたかもわからなくなる。これから先は鐘をついて知らせてくれと言って、もう一つの目もくり抜いてくれた。お上に両目をやると、堂を建ててくれて娘は鐘をつくようになった。三井寺の鐘とはこのことで、今も鐘をついている(『鳥羽志摩の民俗』)。

異類婚姻譚(いるいこんいんたん)の一つで、全国的に分布する目の玉型の蛇女房の昔話である。黄地百合子は「わが国では蛇は水の神と関連して霊的な動物とされるが、本話型は水を支配する存在としての蛇をよく表現している」としている。信仰から伝説として語られていくかたちになることも多く、三井寺霊験譚(れいげんたん)と結びついていることがわかる(『日本昔話事典』)。

取っつく引っつく

桑名の昔話である。むかしあるところに情け深い正直爺さんと、欲の深い意地悪爺さんが住んでいた。ある日正直爺さんが山へ木を切りに行くと「とっつこか、ひっつこか」と大声が聞こえる。気のせいかと思っているとまた聞こえる。正直爺さんは我慢できず、「とっつくなら取っつけ、ひっつくなら引っつけ」と怒鳴った。すると頭上の松の木から大判小判がじゃらじゃらと落ちてきて、着物に小判がたくさんひっついた。大喜びで家に帰り、婆さんに事情を話し、着物についた大判小判をはがした。それを見聞いた隣の意地悪爺さんは、さっそく自分も山へ行って木を切ることにした。案の定「とっつこか、ひっつこか」と聞こえてきたので、喜んで「とっつくなら取っつけ、ひっつくなら引っつけ」と怒鳴った。すると松やにが落ちてきて体中に引っついて、どうにもならなくなった。着物についた松やにを取るのに三日三晩かかったという(『伊勢・志摩の民話』)。

財宝発見の昔話で、全国に広く分布している。良い爺が財宝を得て、真似をした隣の爺が失敗するという型のほかに、三人兄弟譚の形をとり、末弟が恐れずに声に立ち向かい富を得るものや、化物が出て背負って帰ると金だったという話もある。奇妙な声が隣人の失敗譚とともに笑話的な要素となり、怪談・伝説化の傾向もみられるという(『日本昔話通観15』)。

おもな民話(伝説)

徐福伝説

熊野には徐福伝説がある。中国が秦の時代、始皇帝という人がいて、死ぬのが嫌だから死なない薬を探してこいと言って、徐福様は冬の寒い日、船で来て遭難した。船はこわれてしまったが、徐福らは助かって、矢賀の磯に浮きあがった。徐福が上陸した時、波田須はまだ藁葺の東家・仲家・西家の3軒のみだった。徐福は、自分たちを助けた褒美にと、巻物・剣・すり鉢を授けた。ところが巻物は火の玉で焼けてしまい、剣は子どもが鮫にさらわれたときに母親が鮫を刺すのに使ったが、そのまま鮫は海のむこうに行ってしまった。すり鉢も割れたとか盗まれたと言われていた。1919年、すり鉢の在り処がわかり、地域の人々が四日市まで行き、それを取り戻した。現在もすり鉢は波田須で保管している。また、中国の古銭・半両銭が徐福神社周辺の道普請の際に出土し、これも大切に保管している。

出航地の中国、経由地の韓国、到着地の日本でそれぞれ地域の特性にあった徐福伝説を形成している。日本に伝わる徐福伝説は全国で20ほど数えることができる。柳田國男は徐福を流され王とし、折口信夫は貴種流離譚とした。徐福は中韓日の政治的影響を大きく受けながら、内なる神としていまも地域の人々に祀られている（『徐福論—いまを生きる伝説—』）。

だんだらぼっち

むかし波切の大王島にだんだらぼっちが住んでいた。一跨ぎすれば重みで岩が海底に沈むほどの大男で、波切の村に出てきてはいたずらしたり、盗みをはたらき、家を踏みにじることもあった。村の人たちは退治しようと計画をたてた。ある晴れた春の日、だんだらぼっちが海岸を散歩し、生簀を指して「これは何に使うか」と村人に尋ねると、村人は「これはこの村にいる千人力の男の煙草入れだ」と答えた。だんだらぼっちは驚き、次に網の干してあるところで尋ねると、村人は「これは千人力の男の着物だ」と答えた。だんだらぼっちは顔色を変え、太さ一抱え半、長さ四間もある魚の餌を入れる袋をみつけてまた尋ねた。村人は「これは千人力の男の股引だ」と答えた。最後に村人たちは、造っておいた畳一枚ほどの大きいわらじを見せ、「これはこの村に住む千人力の男のわらじだ」と言った。だいだらぼっちは大王島に逃げ帰り、二度と姿をあらわさなかった（『伊勢・志摩の民話』）。

漁村の人々が竜神祭を行うのは漁業の繁昌につながると信じたからである。わらじ曳き祭も竜神祭と考えたほうがよいという。大王町の大王も沖の竜神を意味する。大わらじを流すことで竜王の威力を誇示しているのだ。流す前には神社拝殿で盛装した男児が大わらじを曳く神態を演じる。曳くことで、八大竜王の恩頼を波切の人々がいただくのだという。竜王が少童の姿に身をやつした海神少童という古代信仰がそこに隠されていると堀田吉雄は述べている（『生きている民俗探訪　三重』）。

蘇民将来と巨旦将来

素盞嗚命が嫁探しに旅を続けていた。伊勢についたとき、日は暮れて月影だけがたよりだった。もう歩くことができなくなり、一晩泊めてもらおうと瀬古一番の巨旦将来という長者の家に行った。するとこんな汚れた着物の人を泊めることはできないと断られてしまった。素盞嗚命は数町離れた弟の蘇民将来の家へ行った。貧乏暮らしだったが、蘇民将来は親切にもてなした。翌朝、素盞嗚命は伊勢には美しい女がたくさんいると聞いたので、私も伊勢で嫁を探そうと言って去っていった。何年か経ち、素盞嗚命は伊勢から嫁をもらい、8人の子が育った。ある年、8人の子と伊勢に住む悪者をやっつけようとやって来た。そして蘇民将来の家を訪ねた。蘇民将来は死んで、娘一人だけだった。娘は巨旦将来は兄弟の家の面倒を見てくれないと言った。兄弟睦まじくないとは不届きだと素盞嗚命は巨旦将来を殺し、娘に「私は素盞嗚命だ。今後この地方に疫病が流行ったら、蘇民将来の子孫だと言って茅の輪を腰につけなさい。きっと疫病にはかからない」と言って帰っていった。以来、伊勢では家々の門口に「蘇民将来子孫繁昌の家」という木札をかかげるようになった（『伊勢・志摩の民話』）。

広く伝承した常世神歓待説話の典型で、茅の輪型を象って災厄を免れる呪いとする神事は茅の輪の由来譚といえる。渡辺昭五は、もともとは農耕とかかわる信仰が京都の祇園牛頭天王への信仰と習合して、全国に散見する除災の信仰に広がったものだと述べている（『日本昔話事典』）。

おもな民話（世間話）

三次郎話・ミナヌカ

熊野の三次郎話と名付けられる笑話、そのなかの「ミナヌカ」を紹介する。三次郎さんの親が亡くなった。「三次郎は、親が亡くなったのに、お経もあげてやろうとしない」と言って、みんながうわさをしていた。すると「参りにきておくれ」と言って、みんなにふれまわって来た。そこでみんなは出かけていって、お経をあげると、自分で紙に包んで、親戚の人みんなに、お経読むときに渡してくれた。「どうも今日はありがとう」と言って、お茶を飲んだ。

みんなは中には何が入っているんだろうと思って、包みを開けてしまった。するとその中には米の糠(ぬか)が入っていたんだそうだ。「あ、これ糠だ」と言って、こっちの人も「あっ、これも糠だ」ってみんなそう言った。「三次郎、これ、みな糠だぞ。どうしたんだい」と言って、聞いたところ、「きょうはお父さんのミナヌカ（三七日）だからね、ミナ、ヌカ（皆、糠）にしたんだよ」と言ったんだそうだ（『三重県南昔話集　上』）。

梶晴美が採録した須崎満子媼の語る笑話である。野村純一はこの三四郎話の流布と伝播を「明らかに海岸部から内陸部、つまりは道路沿いに山里に向かって延びている」としながら、それが一方向のものではなく「その両者を往復した者の介入と存在を想定しなければなるまい」としている（同上）。梶は後に『奥熊野のはなし―須崎満子媼の語る三〇〇話―』）をまとめた。

岩一升、米一升・西村彦左衛門

多気郡の用水開削にまつわる世間話である。江戸時代後期、丹生村の農地は櫛田川よりも高いところにあったため、水利がなく米がとれず、村人たちの暮らしはたいへん苦しいものだった。日ごろから村内で生計に困っている者があれば、ひそかに米や銭を投げ入れたという地士の西村彦左衛門という人がいた。貧しい村人たちを見兼ねた西村彦左衛門は、開田のために庄屋を説得し、紀州藩を説得し、15年をかけて立梅(たちばい)用水を完成させた。百姓たちが開削工事が大変で投げ出しそうになったときには、「岩一升、米一升」といって、開削した際の岩を一升枡に入れてきたら、同じ分を米一升で返すと言って、私財を投げ出して開削を促した。そのおかげで立梅用水ができ、村に新田ができ、米がとれるようになった。その米で勢州一の銘酒が生まれたという（『国「登録記念物」・世界「かんがい施設遺産」登録記念誌　立梅用水』）。

全国に用水開削の話は多く、小学校の社会科教育のなかでも多く取り入れられている。1823（文政6）年に竣工したこの立梅用水は、国の登録記念物であり、世界かんがい施設遺産にも登録されている農業用水である。立梅用水の管理運営については農業土木の世界では全国的に注目されており、視察に訪れる人も多い。そこで立梅用水土地改良区では紙芝居をつくり、国内外の人々に用水開削の苦労話を外国語も対応させながら伝えている。現代の伝承を考えるうえで注目していきたい。

妖怪伝承

トモカヅキ

地域の特徴

三重県は本州島のほぼ中央の太平洋側に位置し、紀伊半島の東を占めている。東西の幅は広いところでも80kmほどだが、南北には細長く約170kmにも及ぶ。伊勢湾の開口部から櫛田川に沿って東西に走る中央構造線の南と北で、地形的には大きく異なる。北側では鈴鹿山脈・布引山地をほぼ中央に置き、伊勢平野、上野盆地と広い平地がならんでいる。一方、南側は紀伊山脈の東端が海岸近くまで迫っており、平地は湾の奥、谷沿いにわずかにみられるぐらいである。旧国名でいうと三重県は、伊賀、伊勢、志摩、紀伊東部の四つの国にあたるが、ここでは地理的特徴や近代以降の生活圏、産業の特性に配慮して、伊賀、北勢、中南勢、伊勢志摩、東紀州の五つの地域に区分して説明していこう。

伊賀、名張の2市からなる伊賀地区は、畿内への入り口に位置し、奈良、大阪方面からの影響が強い。桑名、いなべ、四日市、鈴鹿、亀山の5市とその周辺町村からなる北勢地区は東海道の沿線に位置し、東海方面の文化経済圏に近い。津、松阪とその周辺町村からなる中南伊勢地区は県下三大河川の流域であり平地面積も広い。近世には国学などの学芸が盛んであった。伊勢、鳥羽、志摩の3市に度会、南伊勢、王城の3町を加えた伊勢志摩地域には、信仰や観光を目的に古くからお伊勢参りの旅人が多く訪れた。紀北町以南、尾鷲、熊野の2市とその周辺町村からなる東紀州地域はリアス海岸に山地が迫り平地面積は狭く、林業、漁業が主要な産業となっている。

伝承の特徴

河童の仲間の呼称についてみてみると、北勢～中南勢地域では「河童小僧」「カワコゾ」など「小僧」が語尾につくもの、伊賀地域では「川太郎」や「ガワロー」と「郎」がつくもの、伊勢志摩地域では「尻こぼし」「カワコボシ」など「小法師」のつくもの、東紀州地域では、「ガイロ」「ガロ」「ガロボシ」「ガラボシ」など、ガラ・ガロに「法師」のつくものがそれぞれ多く認められ、方言名に地域差のあることがわかる。

またつぶさに資料を読むと、こうした方言名の差をはじめとして、五つの地区間には地域差があるらしいことがみえてくる。例えば、北勢、伊賀両地域は、畿内中枢への入り口に位置しているせいか、大和朝廷への叛乱伝承に関わる鬼の話のあることが目立つ。

北勢から中南勢の都市部では、学問好きな土壌の上で、お化けの娯楽分野での受容も早くからなされたようだ。例えば後述するように、四日市市では大入道のお化けが祭礼の山車の意匠として取り入れられている。伊勢地域を舞台に「蛇女」や「牛鬼」が登場する『枕返し物語』という作品が江戸時代の後期に書かれているし、昭和に入ると曲亭馬琴研究家として有名な地元文化人の堀内快堂、小説家の長田幹彦らが松阪市内の廃寺で百物語怪談会を催したりもしており、文芸的な方向での展開もみられる。この集まりについては、会場近くの森の中の小径へ肝試しに出た長田が「白い坊主」にたちふさがられたとか、参加者の家族が急死したとか、怪談会そのものを怪談化する逸話も記録されており、娯楽としての怪談が近代の地方都市においても積極的に愉しまれていたことがわかる(『霊界五十年』)。

海に潜って貝や藻などを採取する海女(あま)の漁が盛んな伊勢志摩地区には、海の妖怪についての伝承が多く残されていることも、地域性のひとつとして指摘することができるだろう。

主な妖怪たち

大入道(おおにゅうどう) 四日市諏訪神社の祭礼に出る山車のひとつに、首が伸び縮みする「大入道」のからくり人形を乗せたものがある。この山車を引く桶之町で、かつて狸が傘の一本足や酒樽、大入道に化けて悪戯したのを模したのだといわれている(『旅と伝説』8-8)。三重県では、人の形で背が高かったり、背が伸びたりする大入道のお化けを「高坊主」「白坊主」などとよんでいる。津市の「おっとう見越」もこの大入道タイプの存在らしいのだが、姿形については忘れられ、夜道で男の子の頭上を飛び越えて、結った髪に爪をかけて打ち倒すとされている(『三重県伝説集』)。

五体火（こたいび）

菅江真澄（すがえますみ）は随筆『ふでのまにまに』で各地の固有名をもつ怪火を羅列するなかに伊勢阿濃の「五体火」をあげている。由来や詳しい特徴は不明だが、柳田國男が「妖怪名彙」に採った「ゴッタイビ」と同じもののようだ。柳田が引用した『阿山郡方言訛語集』でも単に「鬼火」としか説明されていないため、怪火一般を表す語と理解されてきたが、もとは怪火に化した者の話が伴っていた可能性が高い。後述する藤原千方（ふじわらちかた）の伝説と同様に平将門の切られた首が五体を求めて飛ぶとの表現が『太平記』にあるので、この怪火も首を求めて飛ぶ千方の亡魂かもしれない。

このような固有名をもつもの以外にも怪火の話は多く残されている。三重県だけに伝わる話ではないが、周辺地域の信仰との関係、地理的な環境のもたらす信仰への影響といった点からそれらの分布を考えると、この地域の特色を読み取ることが可能である。北勢から中南勢、伊勢志摩の沿岸地域には、龍燈の松とよばれ寺院の境内などにある特定の樹木に龍神が海中から火をともして仏様にお供えする「龍灯」の伝承が多く認められる。これらは伊勢湾沿岸に広がる龍宮信仰に基づくものであろう。「往来の真中に突然猛火が発生」する「川天狗」(『伊勢民俗』1-1)、「天狗の火」(『熊野古老ばなし』)、列をなし天狗の道を行く火(「郷土研究3-8」)など、天狗が原因者とされる怪火の話が北勢、伊勢志摩、東紀州地域に点在しているのは、近接する東海地方からもたらされた秋葉信仰にある天狗は火を操り、火炎となって空を飛ぶというイメージによるものであろう。

七本鮫（しちほんざめ）

地区によって日付にいくらかのずれはあるが、毎年、旧暦の6月24日、25日、7月7日など特定の日に、7匹の鮫（さめ）が志摩市磯部町の伊雑宮（いざわのみや）に参拝するとされている。この妨害をすることはタブーとされ、当日は舟を出すことも水泳も避け、以前は海女も仕事を休み伊雑宮に参拝したという。この鮫を1本獲ったせいで今では6本になっているという地域もあり、神島では悪い流行病が流行ったといい、坂手島では一時村が野原となってしまったそうだ(『志摩の蜑女』『鳥羽志摩の民俗』)。

海の守護神である伊雑宮や龍宮のお使いであるとされ、本来は神使なのだが、人間が対応を誤ったため制御ができなくなったときに起きる障りの激しさのせいで悪しき神霊とみなされ、妖怪として紹介されることも多い。

尻コボシ

海女が怖れる存在のひとつである。牛頭天王の祭日に海に入ると、「尻コボシ」に尻から生き肝をとられる。伊勢志摩地区では「カワコボシ」などとよばれている河童に近い存在だが、これによる被害は海中でも起きるとされる。どうしてもこの日に海に入らなければならない場合には、「尻コボシ」避けに山椒の枝を糸でまとめたものを魔除けとして胸に懸ける。志摩市阿児町志島の磯で海の中の岩礁がトンネルになった先に井戸のある龍宮を海女が目撃した話がある。「龍宮さん」が三味線太鼓を演奏しているのに行きあったり、海中で「お姫さん」が舞うのを見たりすると、水面に戻れなくなり、戻れても助からない。海女たちにとっては、龍宮とそこにいる龍神は畏怖の対象であったのだろう。「龍宮さんと行き逢えば死ぬと信じ、それを尻コボシにやられた」ともいう(『志摩の蜑女』『海村生活の研究』)のだが、こうした話の背景にも龍宮信仰が横たわっているようだ。

鈴鹿姫(すずか) 北勢の亀山市と滋賀県甲賀市の境に位置する鈴鹿峠には『今昔物語』の時代から盗賊たちが跳梁跋扈していた。東海道の要衝であるこの峠で坂上田村麻呂が盗賊や鬼神を退治した物語はさまざまなバリエーションを生んでおり、御伽草子『田村の草子』には天女である鈴鹿御前の援助で鬼神を退治したとある。しかし、後の井沢蟠龍(ばんりょう)の『広益俗説弁』では、鈴鹿姫は鬼女であり、田村麻呂が討伐したのは彼女だとされている(『三重大史学』8)。この他にも田村麻呂がこの峠で賊を退治したという物語は伝わっており、登場する「鈴鹿姫」たちの性格もさまざまである。

千方火(ちかたのひ) 『太平記』巻第十六日本朝敵事には、天武天皇の頃、藤原千方が矢の刺さらぬ堅固な身体の「金鬼」、大風を吹かせる「風鬼」、洪水を起こす「水鬼」、姿を隠せる「隠形鬼」らを従え、伊賀、伊勢地区で叛乱を起こしたとある。伊賀市高尾には彼らが籠城した千方が窟の伝承がある。討伐に訪れた紀友雄は射殺した千方の首を切り、津市白山町家城を流れる雲出川に胴体ともども捨てたという。『勢陽雑記』には捨てられた首は川を遡り飛行したとある。斬って捨てられた千方の首は、菊岡沾涼(せんりょう)の随筆『諸國里人談』によると、提灯ほどの火の玉「千方火」になり、家城から川を水の流れよりも早く下るとある。これは上でふれた飛行する首のバリエーションであろう。他にも『諸國里人談』には、小さな火が50も100も現れて塔世川を下る「分部火(わけべのひ)」、塔世の浦に現れ、火の中に老婆の顔がある「鬼の塩屋の火」といった怪火が紹介されている。

釣瓶落し

さみしい道端に立つ大木の上から釣瓶を落とし、人を乗せて吊り上げたりさらったりするもの（『三重県伝説集』）で、よく似た事例が県下に広く分布している（『赤目の歴史と民俗』『松阪市史』第10巻、『勢和村の民俗』など）。安濃町の「釣べ落し」は魔神が下げた「釣べに足を触れれば、空にすくい上げられる」という（『安濃町史』通史編）。志摩市の釣瓶落しが下げる釣瓶の中には「その下を通る人の好物と思われる食物、玩具、財宝などが入っているが、それに手を出すや否や、その人とともに樹上に引き上げられて、再び帰ってこない」という恐ろしいものだそうだ（『志摩の民俗』上）。鈴鹿市の「ツルベオロシ」は人の首の後ろをつかんでひっぱりあげるものとされており、木の幹にひっかかったのを勘違いしたという笑い話もある（『民俗採訪』47年度）。

人の吊り上げや誘拐の要素をもたない例もあり、桑名市多度町では狸が木から飛び下りたり竹の先にぶらさがったりして人を驚かす行為を「つるべ落とし」という（『多度町史』民俗）。類似の例にはただ音がするだけの場合もあり、鈴鹿市では釣瓶をおろす音が聞こえるのを狸が化かしたのだといい（『民俗採訪』47年度）、桑名市内では堀端で突然大きな水音がしたのをカワウソが水に飛びこんだのだと解釈し「かわそのつるべおどし」と称する（『桑名の伝説・昔話』）。

トモカヅキ

志摩から鳥羽、答志島、菅島などでは、海女が潜っていると、昔は「トモカヅキ（もしくは、単に「トモ」）に出遭ったという。海中で自分と同じような格好をした者が作業していることに気づくが、浮上して海面を確かめても、自分のものの他に船など見あたらないが、また潜るとやはりいる。これは海でなくなった海女の幽霊で、自分が亡くなった場所に出るのだなどという。その海女からアワビをもらったり、後について深く潜ったりしようものなら命をとられてしまうという。また、蚊帳か傘のようなものを被せて海女を絶命させるという話もある。海女はこの害を避けるため、ドーマン、セーマン、セーメーなどと称する陰陽道起源の五芒星や九字の印を魔除けに用いている。鉢巻きにする磯手拭には紺や黒の糸で印を縫いつけ、アワビをとる道具の磯ノミには木製の柄の部分に彫りしるす。「トモカヅキ」に遭った者が出たという噂が広まると、海女は一斉に仕事を休み、志摩市の御座爪切不動尊や鳥羽市の青峰山正福寺に参詣した（『志摩の蜑女』『鳥羽市史』、『島』昭和９年前期号、『民俗文化』5)。これと似たものは福井県の「ウミアマ」のほか、静岡県、徳島県などにも伝わっている(『海村生活の研究』)。

ハゲンボウズ

「半夏生坊主(はんげしょうぼうず)」「ハゲンゾウ」「ハンゲ」などともいう。伊勢志摩、東紀州地域で暦の七十二候のひとつである半夏生(夏至から数えて11日目ごろ)に出現するもの。この日には本来畑仕事を休むべきなのだが、志摩市ではこの日に畑へ行くと「ハゲンボウズ」が出て、これに会うと病気になるという(『志摩の民俗』上)。麦秋に髭ぼうぼうの顔に襤褸(ぼろ)を着て現れる「麦わら坊主」という類似の存在が鳥羽市に伝わっている(『志摩の民俗』下)。

船幽霊

伊勢湾から太平洋の沿岸まで、水難による死者の霊であると解釈される存在の伝承は広く分布している。このタイプのお化けの県下に多い方言名は、「モウレン」「モーレ」「ヒキモーレン」「ヒキミョージャ」「シキユウレイ」などである。志摩市志摩町に伝わる「ヒキモーレン」は白い玉のようなもので、船の前を横切った先でパーッと広がる(『鳥羽、志摩漁撈習俗調査報告書』)。熊野市磯崎町の「モウレン」は雨の夜の海に現れる黒いかたまりである。ボーッとしているのを漁師着の袖の下から覗くと、人の形が見えるようになる。「火をかせ、シャクをかせ」というが、底を抜いた杓子を投げないと難破させられる(『熊野古老ばなし』)。海上でピカピカ光る「人魂」として出現するもの(『中京文化』2)や、船の形をとって現れる「幽霊船」の話なども伝えられている(『熊野灘沿岸漁撈習俗調査報告書』)。

ヨボリ

四日市市のある地区で人が死んだ所を雨の日に通ると、上のほうで「おーい、おーい」と呼んだかと思ったら、下のほうからも「おーい、おーい」と呼ぶ声がする。それで、その附近の道を通ると、「ヨボリ」が来るという(『菰野町史』下)。また呼び声ではないが、日中、山の中や畠で人の泣き声が聞こえてくるのを、神島では「人声呼ばり」といって怖れる(『鳥羽志摩の民俗』)。この名前、本来は「一声呼ばり」で、「人」とするのは音による取り違えだろう。中南勢の大台町でも狐狸(『熊野灘沿岸漁撈習俗調査報告書』)や魔物(『三重の文化伝承』)が、東紀州の海上で「モーレ」が人を呼ぶときには一声だけで呼ぶ(『熊野灘沿岸漁撈習俗調査報告書』)といわれている。これらは山の中や海上で人を呼ぶときに、一声だけで呼ぶものではないという禁忌と関わっているのだろう。

高校野球

三重県高校野球史

三重県で最も古くから活動していたのは三重一中（現在の津高校）で，続いて1900年に三重四中（現在の宇治山田高校）で創部，その後，三重二中（現在の四日市高校），四日市商業などでも創部され，15年の第1回大会には山田中学が東海代表として参加した．

48年，学制改革を機に愛知県が単独で代表を出すことになり，東海大会は三重県と岐阜県の2県で行う三岐大会となった．

三重県勢が初めて三岐大会を制したのが53年夏のことで，津高校が甲子園初出場を決めた．55年には四日市高校が夏の大会に初出場，高橋正勝投手が4試合で3失点と活躍，初出場でいきなり優勝しが，翌年以降は岐阜県勢に勝てず甲子園にはなかなか出場することができなかった．

66年選抜には三重高校が初出場，以後海星高校と三重高校が県内の2強として活躍した．68年夏からは三重高校が3季連続して出場し，同年夏はベスト8，翌69年の選抜では初優勝を達成した．その後，中京高校を率いていた深谷弘次監督が招聘され，甲子園で勝ち星を重ねた．

三重県では75年に1県1校となった．相変わらず三重高校と海星高校が強く，これに冨士井金雪監督が就任した明野高校が加わって3強となった．

平成に入ると冨士井監督のいなくなった明野高校が弱くなり，新たに四日市工業が台頭して3強となった．また，甲子園では良い成績を残せなかった海星高校も平成以降は準々決勝に3回進出した．

21世紀になると，三重高校が頭一つ抜け出した状態で，いなべ総合高校，津田学園高校が活躍．2014年夏には，三重高校が2度目の決勝に進出，大阪桐蔭高校に接戦の末に敗れて準優勝となっている．

2018年夏には，07年から10年連続して夏の県大会で初戦敗退していた白山高校が県大会を制して出場し，話題になった．

主な高校

青山高（津市，私立）
春1回・夏1回出場
通算0勝2敗

1980年日生学園第二高校として創立．2015年青山高校と改称．

創立と同時に創部し，日生第二高校時代の1989年選抜に初出場．2000年夏にも出場している．

明野高（伊勢市，県立）
春3回・夏5回出場
通算4勝8敗

1879年三重県勧業試験場として創立．96年明野高等養蚕伝習所，99年三重県農事講習所，1926年三重県立養蚕学校，34年三重県立明野養蚕学校と改称．48年の学制改革で田丸実業女学校と統合して明野高校となる．翌49年山田高校に統合され，同校明野校舎となったが，50年に三重県明野高校として再独立．55年県立明野高校と改称した．

48年創部．78年冨士井金雪監督を迎えて強くなり，80年夏甲子園に初出場した．85年選抜で長野高を降して初勝利をあげると，翌86年夏には3回戦まで進んでいる．

伊勢工（伊勢市，県立）
春0回・夏2回出場
通算0勝2敗

1896年大湊工業補習学校として創立．1928年大湊町立工業学校となり，43年に宇治山田市立大湊工業学校と改称．48年の学制改革で，宇治山田商業学校，市立女子商業学校と統合して，宇治山田実業学校に吸収された．同校は55年に県立宇治山田商工高校と改称し，58年に商工分離して県立伊勢工業高校として独立した．

独立した58年に創部．88年夏に甲子園初出場．2011年夏には23年振りに甲子園に出場している．

いなべ総合高（いなべ市，県立）
春1回・夏2回出場
通算2勝3敗

1922年三重県立員弁農学校として設立．32年女子部が設置されて員弁実業学校と改称，翌33年には男子部が廃止となって，員弁実業女学校となる．48年の学制改革で，共学の県立員弁高校と改称．2001年総合科に転じ，県立いなべ総合学園高校と改称した．

54年創部．2010年夏に甲子園初出場．16年には春夏連続出場し，夏は3回戦まで進んだ．

宇治山田商（伊勢市，県立）

春1回・夏3回出場
通算1勝4敗1分

1908年4月宇治山田市立商業補習学校として創立し，10月に宇治山田市立商業学校となる．20年県立に移管して三重県宇治山田商業学校となる．48年の学制改革で宇治山田市立工業学校，宇治山田市立女子商業学校と統合して，三重県宇治山田実業高校となったが，翌49年宇治山田高校に統合．50年三重県宇治山田商工高校として再独立し，58年宇治山田商業高校と改称した．

25年創部．78年夏に甲子園初出場．2007年夏には初戦で優勝した佐賀北高校と対戦して延長15回引き分け再試合の末に敗退．08年選抜で安房高校を降して初勝利をあげた．

相可高（多気町，県立）

春0回・夏3回出場
通算2勝3敗

1907年相可村外三ヶ村組合農業学校として創立．22年に三重県立多気実業学校となり，48年の学制改革で相可高校となった．2010年宮川高校と統合．

1948年創部．63年夏甲子園に初出場し，大社高校を降して初戦を突破．79年夏も初戦を突破している．83年夏にも出場．

海星高（四日市市，私立）

春2回・夏11回出場
通算9勝13敗

1945年桑名市照源寺に創立した桑名英学塾が前身．翌46年民生学園を設立し，47年四日市に移転して海星学園と改称．50年南山大学附属第二高校となり，55年学校法人エスコラピオス学園が継承して海星高校と改称した．

55年創部．65年夏に初出場．以後，常連校として活躍し，89年夏，96年夏，99年春の3回ベスト8に進んでいるが，99年春を最後に出場していない．

桑名西高（桑名市，県立）

春2回・夏1回出場
通算3勝3敗

1972年三重看護衛生短大跡に県立桑名西高校として創立．

73年創部．94年春に甲子園初出場を果たすと，いきなりベスト4に進んで注目を集めた．97年には春夏連続出場している．

菰野高（菰野町，県立）
春1回・夏2回出場
通算0勝3敗

1948年四日市実業高等学校菰野分校として創立．50年県立菰野高校として独立した．

57年創部．2005年夏甲子園に初出場を果たし，以後春夏合わせて3回出場している．

鈴鹿高（鈴鹿市，私立）
春1回・夏1回出場
通算0勝2敗

1963年名古屋の享栄学園の創立50周年記念事業の一環として創立し，同時に創部．98年選抜に初出場，2004年夏にも出場した．

津田学園高（桑名市，私立）
春3回・夏2回出場
通算3勝5敗

1986年創立．91年に軟式から硬式に転じて創部．96年選抜で初出場．2002年選抜に2度目の出場で初戦を突破すると，以後は県内を代表する強豪として活躍している．

松阪商（松阪市，県立）
春2回・夏2回出場
通算2勝4敗

1920年県立松阪商業学校として創立．48年の学制改革で県立松阪工業学校，松阪市立商業学校，松阪市立高等女学校と統合して，松阪北高校となる．翌49年には松阪南高校（旧松阪中学校）と統合して，松阪高校となったが，50年に再編があり，商業科は普通科とともに松阪南高校とし再独立．52年に商業科が独立して三重県松阪商業高校となった．55年に県立松阪商業高校と改称．

21年創部．58年夏に甲子園初出場して初戦を突破．以後6年間で春夏合わせて4回出場した．60年春にはベスト8に進んでいる．

三重高（松阪市，私立）
春13回・夏12回出場
通算28勝24敗，優勝1回，準優勝1回

1961年に創立し，同時に創部．66年選抜で初出場すると，以後76年までの10年間で春夏合わせて11回出場．この間，69年春には三重県勢として初めて選抜で優勝した．一時低迷したが，90年春に復活してベスト8．

その後も出場を重ね，2014年夏には準優勝，18年選抜ではベスト4に進み，いずれも大阪桐蔭高校に惜敗している．

四日市高（四日市市，県立）

春1回・夏2回出場
通算4勝2敗，優勝1回

1899年三重県第二中学校として創立．1919年に富田中学校と改称．48年の学制改革で四日市高等女学校，四日市北高等女学校と統合して，三重県四日市高校となる．翌49年にはさらに四日市実業高校，河原田高校と合併したが，50年に再度解体されて，四日市高校となった．

1899年に創部という県内きっての名門で，1915年の第1回予選にも参加．戦後，旧制富田中学時代の47年選抜に初出場．55年に四日市高校として夏の大会に初出場すると三重県勢として初めて全国制覇している．67年夏にも出場した．

四日市工（四日市市，県立）

春3回・夏3回出場
通算2勝6敗

1922年市立四日市商工補修学校として創立．その後，市立商工専修学校，市立商工学校を経て，48年の学制改革で県立に移管し，四日市実業高校となる．50年商業科を廃止して四日市工業高校となった．

47年創部．91年夏甲子園に初出場して初戦を突破し，3回戦の松商学園高校戦では延長16回の末に敗れた．2000年選抜でも初戦を突破，01年には春夏連続して出場している．

三重県大会結果（平成以降）

	優勝校	スコア	準優勝校	ベスト4		甲子園成績
1989年	海星高	5－4	三重高	桑名西高	四日市工	ベスト8
1990年	海星高	5－1	四日市工	明野高	津西高	初戦敗退
1991年	四日市工	1－0	三重高	尾鷲高	伊勢工	3回戦
1992年	三重高	2－1	宇治山田高	津工	明野高	3回戦
1993年	海星高	1－0	三重高	四日市工	久居高	初戦敗退
1994年	海星高	10－1	宇治山田商	松阪高	桑名西高	初戦敗退
1995年	三重高	9－7	四日市工	津東高	四日市南高	初戦敗退
1996年	海星高	7－1	明野高	四日市工	四日市西高	ベスト8
1997年	桑名西高	5－3	鈴鹿高	四日市工	伊勢工	初戦敗退
1998年	海星高	2－0	三重高	相可高	伊勢高	2回戦
1999年	四日市工	4－3	海星高	明野高	津田学園高	初戦敗退
2000年	日生二高	7－2	海星高	菰野高	津田学園高	初戦敗退
2001年	四日市工	2－1	三重高	菰野高	津西高	初戦敗退
2002年	久居農林	10－8	海星高	三重高	桑名高	初戦敗退
2003年	宇治山田商	5－4	四日市工	久居農林	菰野高	初戦敗退
2004年	鈴鹿高	9－8	宇治山田商	相可高	いなべ総合高	初戦敗退
2005年	菰野高	2－1	桑名西高	上野高	宇治山田高	初戦敗退
2006年	三重高	7－0	松阪工	宇治山田商	日生第二高	初戦敗退
2007年	宇治山田商	4－0	菰野高	海星高	鈴鹿高	初戦敗退
2008年	菰野高	5－2	宇治山田商	皇学館高	海星高	初戦敗退
2009年	三重高	9－3	海星高	皇学館高	菰野高	2回戦
2010年	いなべ総合高	6－3	白子高	菰野高	上野高	初戦敗退
2011年	伊勢工	9－5	津西高	四日市高	近大高専	初戦敗退
2012年	松阪高	3－2	いなべ総合高	四日市工	三重高	初戦敗退
2013年	三重高	7－1	菰野高	宇治山田商	津商	初戦敗退
2014年	三重高	14－1	菰野高	稲生高	いなべ総合高	準優勝
2015年	津商	8－6	いなべ総合高	四日市工	海星高	2回戦
2016年	いなべ総合高	10－4	津田学園高	海星高	三重高	3回戦
2017年	津田学園高	4－3	三重高	菰野高	津商	2回戦
2018年	白山高	8－2	松阪商	海星高	いなべ総合高	初戦敗退
2019年	津田学園高	6－4	海星高	宇治山田商	菰野高	2回戦
2020年	いなべ総合高	5－4	四日市工	松阪商	津西高	(中止)

万古焼（急須）

地域の歴史的な背景

三重県は、伊勢を中心として、伊賀・志摩、それに紀伊の一部に及んでいる。伊勢・伊賀・志摩は大和に近く、大和と共に古くから開けていた。関東地方に多く見られるような縄文式文化の遺跡や遺物は少なく、そこでも大和文化に連続する地といってよいだろう。無数の古墳や貝塚もおおむね農耕が定着した時代以降のもので、弥生式土器・木製農具・銅鐸（どうたく）・鏡などが発掘されている。

三重県といえば、伊勢神宮を忘れることはできない。伊勢大神宮（内宮（ないくう））は垂仁25（紀元前5）年の鎮座と伝わる。また、豊受大神宮（外宮（げくう））は、雄略22（478）年に丹波から移された、と伝わる。特に、江戸時代にお伊勢参りが盛んとなり、門前町が発達した。伊勢みやげとして、伊勢暦（いせごよみ）・櫛（くし）・白粉（おしろい）・杉原紙・鳥子紙（とりのこ）などが有名である。残念ながら、そこにやきものが入っていないが、徒歩での旅を考えれば当然のことである。

松阪は、松阪商人発祥の地として知られる。江戸に進出して大店（おおだな）となるところも多かった。例えば、後に三井財閥の基盤をつくった三井高利（みついたかとし）も松阪商人である。ただ、やきものを扱う商人は少なかった。

上野市付近には、松材を原料とする木毛工場が多い。木毛は、陶磁器の輸送の詰めものとしても使われた。

主なやきもの

萬古焼（ばんこ）

主に桑名市や四日市市で焼かれる陶器である。桑名萬古・新萬古（四日市萬古）・大正萬古・鈴鹿萬古・松阪萬古など、焼かれる場所や窯ごとに区別して呼ぶことが多い。

萬古焼は、元文年間（1736～41年）に沼波弄山が始めた、と伝わる。その名称は、弄山が高台周辺に「萬古」、あるいは「萬古不易」の印を用いたことに由来する、という。弄山の死後は、一時中断したが、天保年間（1830～44年）に桑名町の古物商であった森有節によって再興された。

萬古焼といえば、茶褐色一色にみられがちだが、古くは色絵を付けてもいた。再興当初の有節萬古と呼ばれるものには、淡紅色の色絵や京都の仁清風の色絵付がなされている。また、射和萬古（松阪市）では、赤絵の香炉や水入を焼いている。さかのぼっては、江戸萬古と呼ばれる赤絵の陶器もあった。

現在の萬古焼の代表的な製品は、茶褐色で薄手の急須である。これは、全国に広まっており、特に茶舗店先に並べられることが多い。また、萬古焼のポットは、輸出用として生産されることが多く、四日市で焼かれる大正萬古（俗称）などは約3分の2が輸出用である。

毎年5月中旬に「四日市萬古まつり」が開かれており、昨年（令和元〈2019〉年）で58回を数えている。

伊賀焼

伊賀焼の窯場は、信楽焼（滋賀県）の窯場と山を一つ隔てて隣りあった丸柱（伊賀市阿山町）にある。信楽焼は、中世古窯の一つに数えられているが、伊賀でも信楽と同じく天平時代（729～749年）頃にはすでに窯が存在したようだ。しかし、伊賀焼の歴史がはっきりしてくるのは、享保年間（1528～32年）頃からのことである。そして、その頃の陶工である太郎太夫・次郎太夫が陶祖として伝えられている。

伊賀焼には、もともと茶器や花器などの上手物が多かったが、江戸時代中期以降は主に日常雑器を焼くようになった。特に、茶壺・種壺・徳利などの袋物が多く、赤褐色に焼締めたものがほとんどである。また、行平と呼ばれる土堝も長く特産品であった。最近では、民芸調のコーヒーカップ・紅茶碗なども焼かれている。

技術的には、手ロクロ（轆轤）を使い、小型の京窯で焼く。これは、信楽焼と同じ方法である。伊賀焼と信楽焼は、歴史的な歩みばかりでなく、その手法や作風も似ており、製品の区別がむつかしいところがある。

現在は、丸柱の他にも伊賀市内にいくつかの窯がみられる。

なお、毎年9月中旬には「伊賀焼陶器まつり」が開催され、昨年（令和元〈2019〉年）で39回を数えている。

Topics ● 伊勢神宮の土器

伊勢神宮には、行事ごとに古儀（古式）が伝わっている。その一例が神饌で、朝夕二度の御饌（日別朝夕大御饌）があり、祭事ごとの御饌も何種類かある。そのときの大事な器の一つに、素焼の土器がある。カワラケであるが、これもさまざまある。

例えば、6寸（直径は約18センチ）の土器には餅やアワビ・タイ・イセエビなどが盛られる。また、4寸（約12センチ）の土器には飯や魚や海藻・野菜・果物などが盛られる。他にも、瓶・平瓮・酒坩・酒坏・水盌などがある。古代の土器を現代に伝えているのである。

それらの土器類は、すべて神宮御料土器調整所（多気郡明和町）でつくられているのである。そこでは、成形には簡単なロクロを使う例もあるが、ほとんどは手びねりである。窯は、現在は円窯だが、元は野焼きだっただろう、と伝わる。

それらの器類は、すべて1回きりの使用で後は捨てるので、専従の職人による相当数の製作となる。一般に見学はかなわないが、ここに古来の伝統技術が伝わっていることに注目しておきたい。

Ⅳ

風景の文化編

地名由来

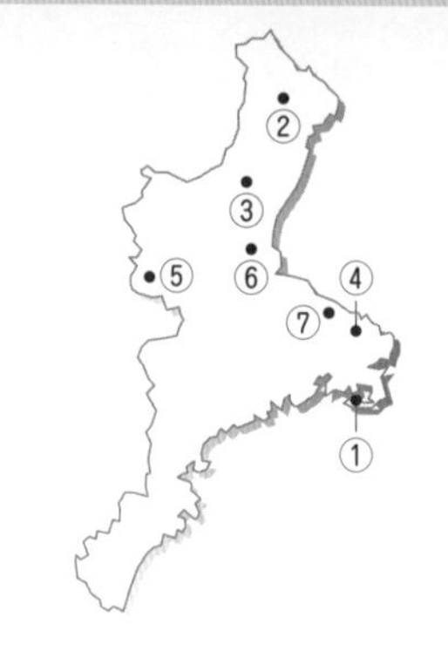

「三つ重ね」の餅のように

現在の三重県はその大部分を「伊勢国」と「志摩国」が占めるが、その他「伊賀国」「紀伊国」の一部をも含んでいる。「三重県」の県名は、伊勢国の「三重郡(みえのこおり)」の名をとったものである。

明治政府は慶応4年（1868）7月、神領・幕府領支配のために「度会府(わたらいふ)」を置いた。言うまでもなく「度会郡(わたらいのこおり)」によっている。翌明治2年（1869）7月には「度会県」ができた。さらに、明治4年（1871）7月の廃藩置県によってできた「桑名県」「亀山県」「津県」などを統合して、同年11月には「安濃津県」なる不思議な県ができた。「安濃津県」は翌年「三重県」と改称され、さらに「度会県」を統合して、明治9年（1876）4月に現在のもとになった「三重県」が成立した。

さて、この「三重」という県名には倭建命(やまとたけるのみこと)にまつわるドラマが隠されている。

『古事記』によれば、倭建命は長い東国への遠征から都に帰ろうと帰路についていた。美濃国から伊勢国に入り、「尾津の前(さき)」（旧桑名郡多度町、現桑名市）の一本松にようやく着き、次の歌を詠んだという。

尾張に　ただに向へる
尾津(おつ)の崎なる　一つ松　あせを
一つ松　人にありせば
太刀はけましを　きぬ著せましを
一つ松　あせを

意味はおよそこうなる。尾張に向かって尾津に立っている一本松よ、もし一本松が人であったなら、太刀をはかせ、着物を着せようものを、なあお前。

こう詠んだ後、命は「三重の村」に着き、こう言ったという。

「あが足は、三重(みへ)の勾(まがり)のごとくして、いと疲れたり」

つまり、「自分の足は、三つ重ねにねじり曲げた餅のように、大変疲れてしまった」というのである。ここからこの村を「三重」と呼ぶようになったという話である。民俗学者谷川健一は、この近くで水銀がとれたという事実をつきとめ、足が曲がったのは水銀の毒によるものだとして『青銅の神の足跡』を書いた。たぶんそのようなことがあったのだろう。命はその後「能褒野（のぼの）」（現亀山市）で亡くなり、白鳥になって飛んでいったという話になっている。

三重県で注目すべきは県庁所在地の「津」という町である。全国に漢字１字の都市名は「柏市」（千葉県）「関市」（岐阜県）「堺市」（大阪府）など10個あるが、「津」のように1音の都市はここしかない。ここはもともと「安濃郡（あののこおり）」だったところで、「安濃津」だったのだが、それが「津」に簡略化されただけのことである。

とっておきの地名

①英虞湾（あごわん）

志摩市の志摩半島の湾で、リアス海岸で知られる。志摩国の郡の1つで「英虞郡（あごのこおり）」と呼ばれてきた。明治中頃御木本幸吉が真珠の養殖に成功し、世界的に有名になった。

持統天皇6年（692）に「阿胡行宮（あごのかりみや）」が置かれたことが『日本書紀』に記されており、この時点ですでに「あご」という地名が使われていた。「英虞」という漢字は単なる当て字とみてよい。問題は「あご」という地名がなぜ生まれたかである。

『角川日本地名大辞典 三重県』では「網」「網児」にちなむのではないかという説を出している。古語辞典で見ると、「網子（あご）」の「あ」は「網」、「ご」は「人」を指すとあり、「地引き網を引く人」とある。この地では地引き網はできそうもないが、「網」にちなんだ地名と考えることもできる。

しかし、私はもっと決定的な説を提案したい。それは「阿古屋貝」である。この貝から採れる珠を「真珠」という。古来、この地が真珠の産地として知られるのは、この阿古屋貝から採れる真珠であったことを考えれば、「英虞」のもとは真珠ということになり、歴史的経緯と一致する。

②員弁（いなべ）

他県からみると難読地名の1つだが、「員弁」という地名は失ってはいけない三重県の財産である。「員弁郡（いなべのこおり）」は伊勢国の郡名の1つで、近代に入っても「員弁郡」が存在した。岐阜県との県境にある養老山地の南一帯である。員弁郡にあった町村が次第に合併され、かつての「員弁町」を中心に「いなべ市」が発足したのが平成15年（2003）のこと。この平成大合併によって員弁郡には「東員町」のみ残ることになった。千数百年続いた「員弁郡」は風前の灯といった状態にある。

応神天皇31年に、武庫水門に集められた船が炎上し、その責任をとって、新羅王が優れた大工技術者を日本に送って修復に当たらせたことは長野県の「伊那」の項目で述べた。（120ページ参照）東員町にある「猪名部神社」の縁起によると、この技術者は法隆寺・石山寺・興福寺などの建設にも関わったとされる。

③亀山

江戸時代には亀山藩の城下町として、また東海道で鈴鹿峠を越える手前の亀山宿として栄えた。明治22年（1889）「亀山町」が成立し、昭和29年（1954）「亀山市」に昇格した。「亀」という縁起のよい地名なので、こんな伝承もある。

敏達天皇の時代（6世紀後半）、百済王朝の僧、日羅が来朝し、石亀3匹を朝廷に献上した。その亀を山城国（京都市右京区）と丹波国（亀岡市）、伊勢国（亀山市）の3か所に放し、それぞれ「亀山」と呼んだ…。

これは幕末の天保4年（1833）に出された「勢陽五鈴遺響」という地誌に出されたもので、明らかに当時存在していた「亀山」を結びつけて解釈したものである。「亀」にちなむ地名はそのほとんどが、「亀の形」にちなんだもので、単純に「亀の形をした山」によるものであろう。

④鳥羽

旧志摩国の政治・経済・文化の中心地だった町。海岸はリアス海岸で多くの島嶼によって絶好の泊地をなしている。もともとは「泊浦」「留泊浦」と呼ばれていたものが「鳥羽」に転訛したというのが定説になっている。「志摩国旧地考」には「泊浦ハ今ノ鳥羽浦ノ事ニテ往古ヨリ渡船海路ノ碇泊所ナル故ニ泊浦と呼ベルヲ（中略）何ノ頃ヨリカ泊ヲ鳥羽ノ二字ニ作レリ」と記してある（『三重県の地名』）。

一方で、地元の賀多神社の縁起には、天照大神の八王子神が鷲の羽の舟に乗って天下ったという伝承も残されている。

⑤名張（なばり）

三重県西部、大阪都市圏へ近鉄線で約60分の位置にあり、大阪や奈良県のベッドタウンとして発展している。「名張」の由来としては「隠り（なば）」という上代語にちなむものというのが定説になっている。古語辞典等では「隠り」で「隠れること」とある。『万葉集』に次の歌がある。

　吾背子はいづく行くらむ沖つ藻の
　　　　　名張（なばり）の山を今日か超ゆらむ

意味はこうだ。——私の夫は今頃どのあたりを旅しているだろうか。沖の藻のなばる（隠れる）ではないが、名張（隠）の山を今日あたり越えているであろうか。

岩波文庫版では「名張の山」と訳しているが、原語（漢字）では「隠乃山」である。この歌でみる限り、山の中に入って隠れることを「隠り」と呼んでいたようだが、「張（はり）」には「墾（はり）」という意味もあり、「隠された田畑」という意味もあると考えられる。

⑥久居（ひさい）

「久居町（ひさいちょう）」が誕生したのは明治22年（1889）のことで、昭和45年（1970）には「久居市」になっている。しかし、平成の大合併によって、平成18年（2006）に「津市」の一部になって消滅してしまった。

藤堂高虎（とうどうたかとら）（1556～1630）は、もと秀吉に仕えたが、関ヶ原では東軍に与し、慶長13年（1608）に津に転封して初代津藩主となり伊賀・伊勢両国を領有した。二代目藩主藤堂高次の隠居に際して次男高通（たかみち）（高虎の孫に当たる）へ5万石の分地が認められ、今の久居に館を築いたという。その時、高通が「永久鎮居」の意味を込めて「久居」と名づけたという。

⑦二見浦（ふたみがうら）

「ふたみのうら」とも読む。古来伊勢神宮への参拝者が身を清め、宿をとることで有名。五十鈴川右岸から夫婦岩のある立石（たていし）岬までの約5キロメートルの海岸を指す。「二見」という特徴ある地名については、倭姫命が尾張田中島から伊勢国桑名野代宮へ行幸した際、海上から当地を見、さらに伊勢五十鈴川のほとりに斎宮を建て、再び見たということから「二見」と呼ばれるようになったという伝承がある。（『角川日本地名大辞典 三重県』）

「二見潟」「二見の浦」は古来歌枕としても使われてきた。

二見潟月をもみがけ伊勢の海の
清き渚の春のなごりに　　（後鳥羽院集）

有名な「夫婦岩」も「二」に関連しており、何らかの意味を持たしているのであろう。

難読地名の由来

a.「**村主**」（津市）**b.**「**能褒野**」（亀山市）**c.**「**波切**」（志摩市）**d.**「**安楽島**」（鳥羽市）**e.**「**生琉里**」（伊賀市）**f.**「**国崎**」（鳥羽市）**g.**「**朝熊**」（伊勢市）**h.**「**朝明**」（四日市市）**i.**「**采女**」（四日市市）**j.**「**相差**」（鳥羽市）

【正解】

a.「すぐり」（古代の姓の1つ。朝鮮系の渡来人と言われる）**b.**「のぼの」（日本武尊終焉の地として知られる。由来は不詳）**c.**「なきり」（鰹節の産地だが、波を防ぐ意味であろう）**d.**「あらしま」（「荒島」の意味であろう）**e.**「ふるさと」（単純に「ふるさと」の意味であろう）**f.**「くざき」（国の先端という意味）**g.**「あさま」（浅く曲った川に由来するか）**h.**「あさけ」（伊勢国の旧郡名で、朝明けの美しさによるものと考えられる）**i.**「うねめ」（天皇皇后に仕えた采女に由来する）**j.**「おうさつ」（海女の町として知られる。鯨の背中に乗った観音様に関連するか）

商店街

寺町通り商店街（桑名市）

三重県の商店街の概観

三重県は県北と県南で地形や都市分布、交通条件が大きく異なる。平野が広く人口密度、都市密度が高く、交通路が発達している北部に対して、山地が海岸近くまで迫っている志摩半島以南では、中心都市としては尾鷲市、熊野市が挙げられる程度で、都市密度は低く、海岸沿いに鉄道と主要国道が走るものの県内他都市や大都市までは長い時間を要する。県北部から中部は名古屋の、伊賀市、名張市のある県西部の伊賀地方は大阪の影響を強く受けている。県都津市の県全体に対するシェアは小売店数で12.9％、年間販売額で17.7％と県内第2位で、いずれも第1位は四日市市である。2都市に続くのが伊勢市、松阪市、桑名市、鈴鹿市で、いずれも県北部の中心都市である。32万石の城下町に起源を持つ津市は、旧市街地と交通中心が分離して設置されたことや、県北部で都市が発達したこと、名古屋の通勤圏、買い物圏に含まれたことなどにより、まとまった中心商店街は形成されず、分散的となっている。西部では伊賀市の商業集積が比較的大きいが、南部の諸都市の集積規模は小さい。

早くから東海道とそれから分岐する伊勢街道（参宮街道）などの交通路が発達し、伊勢商人、松阪商人は、街道を往き交う人々によってもたらされる情報を入手して、全国的に活動したと言われている。宿場町から発達した商店街が多いのが三重県の商店街の特徴の1つである。鈴鹿越えを控えた亀山市関には古い街並みがよく残り、重要伝統的建造物群保存地区に指定され、観光的要素の強い商店街になっている。大和から伊賀を通る伊勢街道に沿って商家が並ぶ伊賀市上野城南側の「本町商店街」の景観は人気がある。この他、津市一身田の、浄土宗派高田派本山専修寺門前の商店街は「寺内町門前町」と呼べるものである。

城下町起源の津市や桑名市、亀山市の商店街も街道筋に発達したもので

【注】この項目の内容は出典刊行時（2019年）のものです

ある。桑名市では「駅前商店街」のほかに城跡近くの寺町通り、四日市市では諏訪町、鈴鹿市では白子に商店街が形成されているが、いずれも宿場町などに起源をもつ歴史を有している。また、松阪市の中心商店街は紀州街道と伊勢街道の交差する場所に十字形に形成されている。伊勢市ではお伊勢参りの参詣客で賑わった古市が有名であるが、伊勢神宮と商店街のつながりは無視できないものがある。伊勢市駅の北、勢田川沿いの河崎は伊勢への物資を搬入する河港として栄えたところで、大型の商家が残り、近年はレトロな街並みを復活させる事業が進んでいる。また、内宮宇治橋前の「おかげ横丁」には土産物店や御師の家などがあったが、40年ほど前に整備され、参詣客に人気の観光型商店街となっている。上記以外の伊勢市民を対象とする商店街も伊勢参宮道と無関係ではない。

志摩半島の中心都市鳥羽市は観光客で賑わっているが、商店街は小さい。参宮街道は伊勢神宮以南では熊野街道と名前を変え、熊野市木之本の商店街は熊野街道沿いに形成され、地域の商業中心になっている。しかし、県南部では、人口減少や高齢化などにより、商店の閉鎖、商店街の空洞化が目立ち、買い物などで和歌山県新宮市に依存する傾向が強い。

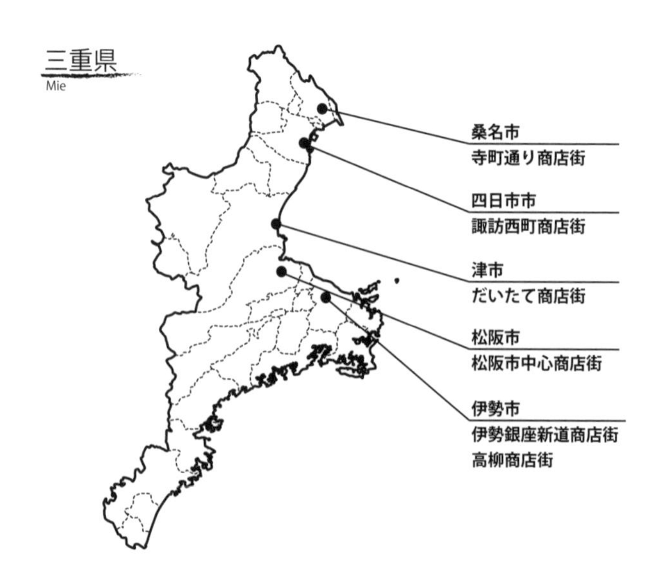

行ってみたい商店街

だいたて商店街（津市）

―「昭和」を感じさせる中心商店街―

津市の主要鉄道駅としてはJRおよび近鉄の津駅と近鉄津新町駅の2つがあり、旧市街地は津新町側にある。津城跡の北東、大門地区は津観音の門前町として発展し、津の中心商店街として栄えてきた。老朽化が目立つようになってきたが、現在も国道23号線沿いの津松菱百貨店を核店舗とする丸の内商店街、近鉄津新町駅前の津新町通り商店街とともに津市の中心商店街の1つに数えられている。津観音から南に伸びる大門商店街と東西方向の立町商店街があり、合わせて「だいたて商店街」と呼んでいる。

津観音の参道は伊勢神宮への参詣道に当たり、昔から人の往来が多く、明治に入ると芝居小屋などが立地し、一帯は繁華街として賑わっていた。大門大通りと立町の交差点南西角には当時の道標が立っている。1920年に国道が西方に移動すると参道は次第に商店街へ変貌し、1936年には県下初の百貨店として大門百貨店（津松菱百貨店の前身）が道標の東向かいに開業し、屋上からは伊勢湾が一望できたと言われている。戦後も津市一番の商店街としての地位を維持してきたが、1963年に津松菱百貨店が現在地に移転し、1973年の市役所移転、郊外における大型店の立地などにより、近年は商店街を往来する買い物客も減少しており、衰退傾向にある。アーケードとその周辺に飲食店や菓子店、呉服店など50店ほどが営業している。昔ながらの町屋で営業している商店や古い銀行の建物を飲食店として利用している店もあって、昭和の雰囲気を感じさせる商店街である。津松菱百貨店の建物は長くパチンコ店などに使われていたが、現在は閉鎖されている。飲食店の1つに元祖天むすの店がある。

だいたて商店街アーケードの南口を出てフェニックス通りを西へ進み、三重会館前に至ると、丸の内商店街である。丸の内商店街はここから南、岩田橋北詰の津松菱百貨店までの範囲で、広い通りの両側には飲食店、洋装店、靴店、宝石店など30店舗ほどあるが、商店街というよりもオフィス街といった印象が強い。津松菱百貨店から津新町駅までは400mほどであるので、3つの商店街を巡って、比較してみるのもよいかもしれない。

だいたて商店街のアーケードは2018年に撤去された。

寺町通り商店街（桑名市）

―参詣道の「市」的商店街―

JRおよび近鉄桑名駅の東約800m、桑名城の堀の西に位置するアーケードのある商店街。本統寺（桑名別院）をはじめ数々の寺院が点在し、多くの参拝客が訪れていたことから商店が集積した。また、東約300mのところを旧東海道が通っており、七里の渡しへも近い。

200mほどの商店街に40店ほどが並び、貝のしぐれ煮で全国的に知られた店舗もあるが、買回り品店と最寄品店が混在する近隣型商店街として地元住民に親しまれている。毎月6回開催される「三・八市」は桑名の風物詩として定着しており、朝市は特に賑わいを見せる。「三・八市」は、若手商店主が農家から野菜などを仕入れて売っていたことに始まり、1955年頃に朝市として定着した。市の日にはアーケード内に野菜や魚介類を売る露店が並び、本商店街に不足している業種を補っている。1986年に商店街振興組合が設立され、現在のアーケードに改修された。

1973年に桑名駅前に再開発ビルができ、郊外に大型店が立地した影響を受け、来街者は減少した。そのため、「ふれあいカード事業」(2003年開始)、フリーマーケット「十楽市」(2005年開始) など商店街として様々な取組みを進めた。また、商店街有志で商圏分析を実施し、60歳以上をターゲットとした「高齢者にやさしい商店街」を目指して、まちづくり事業をを推進した。これらの活動が2015年に「がんばる商店街30選」に選ばれ、商店街をショッピングセンターのように位置づけ、無料カートの設置などを進めている。これらの努力により顧客層が増える傾向にあるが、新規出店をいかに増やすかが課題になっている。

諏訪西町商店街（四日市市）

―県下最大の商店街―

近鉄四日市駅前東側の商業集積地のうち、駅から国道1号線までが諏訪西町商店街、1号線の東は諏訪商店街になる。諏訪西町商店街の中心になる一番街商店街には物販店が集まっており、隣接する二番街や三番街は飲食店や遊技場が多い地区になっている。

起源は東海道の四日市宿に遡る。1913年の三重軌道諏訪前駅および四日市鉄道諏訪駅の開業により、県北の商業中心地としての地位を確立してきた。戦後は一帯に闇市が立っていたが、1952年に中央通りで四日市大博覧会が開催された頃から歓楽街が形成されるようになり、1956年に国鉄（現・JR）四日市駅に併設されていた近鉄四日市駅が諏訪駅に移転統合されて四日市駅となると、駅周辺に百貨店が林立するようになった。1959年に東口に開店した岡田屋（現・イオン）は四日市を発祥の地とする。また、旧駅と新駅の間の廃線跡には商店が立ち並び、1965年に四日市一番街アーケードが完成し、県下最大の商業集積地へと発展した。

その後、郊外における大型店の立地拡大や他都市、特に名古屋駅前における大規模商業施設出現の影響は大きく、松坂屋は2001年に閉店して別の商業施設になり、ジャスコ四日市店も2002年に閉店、跡地にはマンションが建設されている。商店街においても、近年、物販店は減少し飲食店が増加する傾向が見られる。商店街の規模は大きいものの同規模の商業集積地と比較すると来街者の広がりは比較的狭く、広域型というよりも地域型商店街としての性格が見られる。四日市市の人口が増加傾向にあり、駅前にも高層マンションの建設が進んでおり、都心への人口回帰が本商店街存続の基盤となっている。

松阪市中心商店街（松阪市）

―十字街に沿って伸びる商店街―

JRおよび近鉄松阪駅から駅前通りを南西に約300mの日野町交差点に古い道標があり、側面に「右わかやまへ　左さんぐうへ」と刻まれている。北西から南東へ伸びるのが伊勢街道（参宮街道）、南西からこれに合流する道が和歌山街道で、『松阪の夜』の舞台となった旅宿もここにあった。旧街道に沿って中心商店街が十字型に伸びている。駅方向は駅前ベルタウンで、物販店よりも飲食店、サービス店、銀行などが多いのが特徴である。伊勢街道を北西方向へ伸びるよいほモール、南方向へ伸びるパティオひの街、みなとまち通り、ゆめの樹通りには買回り品店や老舗が並び、中心商店街の主軸を形成している。和歌山街道沿いは新町商店街で、衣料品店などが並ぶ。全体では100店舗以上が集積しており、商店街および周辺には松阪牛を食べることができる老舗料理屋もある。また、銀行の支店が多いのも特徴で、商業都市松阪の中心商店街にふさわしいと言えよう。

よいほモールの北西方向、昔ながらの商家が残る本町周辺は松阪商人の本拠地で、その西の松阪市役所から松阪城跡も含めた一帯は松阪観光の中心となっている。商店街は駅からの道筋に当たっており、観光、歴史を活かした商店街づくりが課題になっている。2006年から商店街内に「おもてなし処」を4カ所設けて、土曜日を中心に商店街の案内とともにお茶の無料サービスを始めている。

伊勢銀座新道商店街、高柳商店街（伊勢市）

―伊勢神宮の町の地元商店街―

伊勢市内の商店街と言えば参拝客、観光客で賑わう内宮前のおかげ横丁や外宮参道の商店街が知られているが、ここでは地元住民が利用する商店街を紹介する。

伊勢市駅を出ると、正面に外宮の杜が見え、飲食店や土産物店が並ぶ参道が通じている。駅から県道37号線を月夜見宮方向へ約300m行くと、伊勢銀座新道商店街のアーケードに至る。アーケードを抜けて左折し、南へ200mほどで高柳商店街に至る。約300mのアーケードの先が浦之橋商店街で、商店街西端の交差点名に名を残す筋向橋は伊勢参詣への入口に当たっていた。筋向橋から南東方向、外宮前に向かって参宮街道が通じていたが、江戸時代後半に地元の薬商松原清兵衛の尽力により整備された新道が後に商店街となる通りである。当時は参詣者の流れは参宮街道が主であったが、1897年、新道通りの東端に参宮鉄道山田駅（現・JR伊勢市駅）が開業すると、浦之橋商店街、高柳商店街が中心商店街となった。第2次世界大戦後、バスターミナルなど伊勢市駅前の整備などにより、中心は駅に近い伊勢銀座新道商店街に移り、参宮街道沿いから移ってくる商店も少なくなかったと言われている。

しかし、伊勢市駅前に三交百貨店やジャスコ伊勢店などの大型店が立地すると、伊勢銀座新道商店街の地位は低下した。その後の郊外化により駅前では大型店の閉店が相次ぎ、商店街内でも歩行者通行量が大きく減少し、空き店舗が目立つようになった。式年遷宮などの際には来訪者は増加するものの、商店街が受ける恩恵は限られたものになっている。伊勢銀座新道商店街振興組合では、閉館になった映画館を利用して「さくら市場」を開設し、食品店を運営し、空き店舗を利用したチャレンジショップへの出店を呼びかけている。一方、高柳商店街では、大正時代から続く「高柳の夜店」に加えて、社会的弱者にやさしい商店街を目指して2004年「ユニバーサルデザインのまちづくり宣言」を行い、関連する事業に取り組んでいる。2つの商店街ともに広域型商店街から地域密着型商店街への移行を模索している。

花風景

御在所岳のアカヤシオ

地域の特色

太平洋に臨む紀伊半島の東側を占め、志摩半島が北の伊勢湾と南の熊野灘に分けている。北は木曽・長良・揖斐の木曽三川の河口部と養老山地、西は鈴鹿山脈、大台ヶ原山系、南は熊野川が県境をなす。伊勢平野は河川が東流し伊勢湾に注いでいるが、上野盆地などは木津川が西流し大阪湾に注いでいる。志摩半島以南はリアス海岸で、古代の伊勢神宮は現在まで崇敬され続けてきた。古くは伊勢、伊賀、志摩の国に分かれ、東海道五十三次の桑名、四日市、亀山など7宿が置かれた。暖温帯の気候を示す。

花風景は、里山棚田や河川の堤の古くからの珍しいサクラ名所があり、由緒ある神社仏閣の花木、観光のための花園、自然地域の花木もあり、歴史的な名所、観光地、自然地域と変化に富んでいる。

県花はアヤメ科アヤメ属のハナショウブ（花菖蒲）である。第Ⅰ部でも述べたが、アヤメやカキツバタとともにハナショウブをアヤメと総称することもある。茎の先端に紫色、薄紅色、白色などの花をつけ、細長い緑色の葉も美しい湿地の草花であり、園芸品種が数多くある。県内の桑名城跡の九華公園、伊勢神宮の勾玉池やその他で観賞することができる。

主な花風景

三多気のサクラ　＊春、名勝、日本さくら名所100選

三重県中部、雲出川流域の最上流部に伊勢と大和を結ぶ伊勢本街道が通る。現在の国道368号となっているこの街道から真福院門前まで坂道の参道が続くが、長さ1キロほど、高低差150メートルの道の両脇にヤマザクラが延々と植えられている。三重と奈良のほぼ県境に位置する静かな山里は、サクラの時期になると賑わいをみせる。

真福院の東に位置する多気は、八手俣川に沿ったごく小規模な平地だが、

凡例　＊：観賞最適季節、国立・国定公園、国指定の史跡・名勝・天然記念物、日本遺産、世界遺産・ラムサール条約登録湿地、日本さくら名所100選などを示した

15世紀には伊勢の国司であった北畠（きたばたけ）氏が本拠地としていた。16世紀初めには城館の大造成が行われ、現在の北畠神社の場所には城館と共に庭園もつくられている。北畠氏の全盛時には城館から北畠氏の祈願所とされた真福院まで、飼坂（かいさか）峠を越えて８キロの道に沿って約２万本のサクラが並んだという。北畠氏は1576（天正４）年、織田信長によって事実上滅ぼされ、多気も衰退していったとみられる。三多気のサクラの起源は、理源大師が昌泰（しょうたい）年間（898～901年）にサクラを植えたのが始まりという伝承もあり、この地のサクラの歴史はかなりさかのぼるもののようである。

真福院参道の右左には棚田が広がり、サクラの花との組合せが山里の春の風景として心に残る。田に水が張られると、そこに映るサクラは一段と美しい。

宮川堤（みやがわつつみ）のサクラ　＊春、日本さくら名所100選

宮川の下流部、伊勢神宮外宮（げくう）の西側を流下する川の右岸堤防に１キロにわたって続くサクラ並木。大部分はソメイヨシノだが、ヤマザクラの古木も見られる。一目千本と称され、堤防のサクラが視界いっぱいに広がる。宮川は、三重県と奈良県境の大台ヶ原（おおだいがはら）を源とし、伊勢神宮の西を北流して伊勢湾に注ぐ。江戸期、東国から伊勢街道を下ってきた参詣者も西国から伊勢本街道をたどってきた者も、外宮、内宮（ないくう）に詣（もう）でるには宮川を舟で渡らなければならなかった。伊勢街道にあった渡しを下の渡し（桜の渡し）、伊勢本街道にあった渡しを上の渡し（柳の渡し）といい、両街道は宮川を渡ったところで合流していた。

下の渡しは、桜の渡しと呼ばれるように、右岸の堤には早くからサクラが植えられ名所となっていたが、明治初期に古木の保存と若木の移植に努力し、数多くのサクラが見られるようになった。この宮川堤には、たびたび氾濫（はんらん）する宮川の治水対策として江戸時代に築造された堤が何本も残され、現在でも堤防としての機能を発揮している。近年、2004（平成16）年の大雨によりこの区間の右岸が浸水し、堤防幅を広げる改修が行われた。改修区間には約750本のサクラが植えられており、堤防の強化を図りながらも大規模なサクラ並木の風景を維持する工法が慎重に検討された。伐採されたサクラは170本余り、50本程度が移植され、140本ほどが新たに植えられた。

宮川堤のサクラ並木の間に、「どんでん場」と呼ばれる伊勢神宮の御用材を陸揚げしていた石段がある。伊勢神宮の式年遷宮の際には今でも用材を宮川に入れ、堤防を曳き上げる行事が行われている。次回の式年遷宮の際には、新しいサクラ並木の風景に包まれるなか、行事が行われることであろう。治水の場とサクラ並木が一体となって、少しずつ形を変えながら維持され、継承されてゆく名所である。

大厳寺のフジ　＊春

三重県の北部、亀山市から鈴鹿市を流下して伊勢湾に注ぐ鈴鹿川の支流によってつくられた段丘上、亀山の市街地や旧東海道からもやや距離がある水田の広がる農村部に大厳寺はある。境内のフジの古木が毎年長い花房に紫の花を付け、藤の寺と呼ばれ親しまれている。

寺は、天平年間（729～749年）に行基によって開創されたと伝えられ、一時期は大伽藍、多くの寺領を持っていた。現在の本堂は1851（嘉永４）年に再建されている。境内のフジは、明治初年に明星岳という力士が、フジの花房のように長く立派な花を咲かせるような関取になれるよう祈願し苗木を植えたと伝えられるが、嘉永年間の再建時にはすでに境内にフジの大木があり、藤の寺といわれていたとする記録もある。第２次世界大戦中には藤棚が縮小されたこともあったが、その後復活し、現在はナガフジ系統の1.3メートルにも及ぶ花房に毎年紫の花をつける。

結城神社のウメ　＊冬

伊勢平野の南部、津市街の南東部、阿漕浦に面した海岸近くに結城神社はある。本殿前にウメが植えられているが、何といっても境内の梅苑に約300本のしだれ梅が植えられ、２月から３月の花期には、紅、ピンク、白の花に豪華に埋め尽くされる。

神社は結城宗広を祀る。宗広は、福島県白河の城主であったが、南北朝時代に南朝側につき、後醍醐天皇とともに足利尊氏と戦う。1338（延元３）年秋、南朝側が劣勢となり再興を目指して伊勢から海路奥州へ向かう途中に遭難し、この地に漂着し没する。宗広の終焉の地として、地元民により結城明神という祠が建てられたが、1824（文政７）年、津藩主藤堂高兌が社殿を改築した。明治に入り、壮大な社殿が建立されたが第２次世界大戦によって焼失する。1987（昭和62）年、宗広の六百五十年大祭にあたり、現在の本殿が竣工し、梅苑が開設された。しだれ梅は、1970年代から植栽を始めたというが、樹齢250年を超えると伝えられるウメも数本見られ、江戸期からウメが楽しまれていた場所であった。

いなべ市農業（のうぎょう）公園のウメとボタン　＊春・冬

三重県の最北部、員弁川（いなべがわ）流域の上流部、いなべ市の中山間地域に100種類、4,000本のウメが植えられている。２月から３月にかけての梅まつりの時期、残雪の藤原岳（ふじわらだけ）、鈴鹿（すずか）山脈を背景に、眼下に濃紅色、薄紅色、白色の梅花がパッチワークの絨毯（じゅうたん）のように広がる風景が見ものである。

この公園は、いなべ市（旧藤原町（ふじわらちょう））が高齢者の活躍の場の創出、農業振興、都市と農村との交流を目的に1996（平成８）年から計画し、99（同11）年に整備された農業公園。38ヘクタールの梅林（ばいりん）公園には呉服枝垂（くれはしだれ）、南光梅（なんこううめ）、白加賀（しろかが）など多品種が見られ、梅林鑑賞展望台から雄大な俯瞰（ふかん）を眺めることも、梅林の中を歩いて観賞することも楽しめる。梅林公園から少し離れた場所には18ヘクタールのエコ福祉広場が整備され、ボタンが約35種類、5,000本の規模で植栽され、地域では有数の規模になっている。

三重県北部の農業地帯は、安定して取水できる水源に恵まれず、岐阜県の揖斐川（いびがわ）の支流からも取水し、農業用水、水道用水、工業用水とする三重用水事業が計画された。農業公園のある土地は、この用水事業の主水源として1972（昭和47）年から整備が始まった中里（なかざと）ダム貯留池によって水没した土地の代替地として造成された農地であった。しかし、生産物価格の低迷、猿害の発生などで農業の経営が行き詰まるなか、旧藤原町が農業公園構想を策定し、農業公園の企画から建設、運営は地元の高齢者が担い、サルが食べないウメを重点的に植樹するなど知恵を絞って整備が進められた。今ではウメとボタンのまつりの期間中だけで約５万人が訪れる公園となっている。遊歩道の整備やウメの剪定（せんてい）、草刈りなど、全ての手入れは地域の高齢者によって支えられている。

大平（おおひら）つつじ山のツツジ　＊春

三重県中南部を横断して大台ヶ原から伊勢湾に流下する宮川（みやがわ）の支流に大内山川（おおうちやまがわ）がある。その上流部、大平川（おおひらがわ）に沿う標高150～200メートルの斜面は、

4月中旬ともなると朱色、ピンク色のツツジの花に包まれる。

大平つつじ山と呼ばれる東西約500メートル、約6ヘクタールに及ぶツツジの群生地で1万本以上あるという。東側は傾斜がなだらかであるが、西側は傾斜が急で岩が露出している。全域に朱色のヤマツツジが多く、モチツツジなども見られる。

1939（昭和14）年に、「大平山の躑躅」として三重県の名勝に指定されており、古くからツツジの名所として知られていた。近年、ウメノキゴケが樹皮や枝、蕾にまで繁殖し、ツツジの樹勢が弱まり、花がつかない症状が多くみられるようになった。このため、地元有志からなる保存会により2006（平成18）年頃から管理活動が始められた。樹木医の指導を受け、老木やコケにより衰弱したツツジの剪定、下草刈りなどを行い、また、地元住民のボランティア参加も募り、ツツジの幹や枝に着生するウメノキゴケを除去するなどの努力が続けられている。

御在所岳のアカヤシオとシロヤシオ　＊春、鈴鹿国定公園

三重県の北部、滋賀県との県境を南北に鈴鹿山脈が走る。山脈の南部にある御在所岳では、その中腹から山上にかけ、4月下旬にはアカヤシオの花がそこここにピンク色のかたまりとなって眼前に広がる。アカヤシオの後、5月下旬からはシロヤシオが真っ白い花をつける。

鈴鹿山脈の南部は花崗岩が主体で、崩壊地や断崖をつくり、奇石が多く見られる。ツツジ科植物の種類が多く、御在所岳を中心に北側の釈迦ヶ岳、南側の鎌ヶ岳の尾根筋の傾斜地など、風雪の影響を大きく受ける場所に、アカヤシオ、シロヤシオの他、ミツバツツジ類、サラサドウダン、シャクナゲも見られ、ツツジの名所となっている。ツツジ類に限らず植物の種類は多く、江戸時代の本草学者（博物学者）には菰野山として注目されていた。1858（安政5）年に尾張（愛知県）の本草学研究会である嘗百社が伊藤圭介を中心に菰野山で植物採集を行い、360種余りを記録している。この時には御在所岳周辺で6日間の調査を行っており、植物研究者では、その後も鎌ヶ岳、御在所岳、釈迦岳一帯を指して菰野山という名が用いられていたようだ。

山麓の湯の山温泉から山上まではロープウェイで上ることができ、ゴンドラの窓からもアカヤシオ、シロヤシオを楽しむことができる。

公園／庭園

国立公園伊勢神宮内宮

地域の特色

三重県は太平洋に臨む紀伊半島の東側を占め、東は長い海岸線をもち、志摩半島が海域を伊勢湾と熊野灘に分けている。県の北は木曽・長良・揖斐の木曽三川の河口部と養老山地で愛知・岐阜県に接し、西は北から鈴鹿山脈、高見山地、大台ヶ原山系と続き、滋賀・京都・奈良県境をなし、南は熊野川によって和歌山県に接している。伊勢湾口の二見浦辺りから櫛田川中流域以西に大断層の中央構造線が東西に走り、西の和歌山県紀ノ川へと続いているが、南北の地形地質を大きく分けている。北部には中央南北に布引山地が連なり、東に伊勢平野、西に上野盆地などを形成している。伊勢平野は多くの河川が東流し、伊勢湾に注いでいるが、上野盆地などは木津川が西流し、大阪湾に注いでいる。南部は紀伊山地の東端が海岸まで迫っている。志摩半島以南は熊野まで出入りの激しいわが国屈指のリアス海岸で、湾内には真珠などの養殖業を発展させるとともに、景勝地となっている。熊野灘に面する熊野海岸は砂礫海岸の七里御浜などの古くからの名所があり、単調ではあるが、太平洋に臨む荒々しさを呈している。

伊勢神宮は古代に創建され、わが国の神様として現在まで崇敬され続けてきた。特に近世には伊勢参宮は庶民の間ではやり、県下には東海道五十三次の桑名、四日市、亀山、坂下など7宿が置かれ、栄えた。各地から伊勢に向かう伊勢街道沿いも栄えた。古くは伊勢、伊賀、志摩の国に分かれ、一部は紀伊の国に属し、近世においても複雑な大名配置が行われた。一時期は津藩上野城、桑名藩桑名城、紀州藩松坂城などが置かれた。その結果、統一性に欠け、今も県庁所在地は中部の津であるが、1956（昭和31）年の昭和の市町村合併以降の国税調査結果を調べても、北部の四日市がつねに人口は最大となっている。

自然公園は伊勢神宮とリアス海岸が傑出し、都市公園・庭園は城郭、武将館跡などが特徴的である。

凡例　自 自然公園、都 都市公園・国民公園、庭 庭園

主な公園・庭園

自 伊勢志摩国立公園伊勢神宮

伊勢志摩国立公園は、皇祖神である天照大神を祀る内宮と豊受大神を祀る外宮などの伊勢神宮と、複雑な海岸線と多島海の繊細な風景を見せるリアス海岸の志摩半島・英虞湾などからなる。伊勢神宮には、神路山、島路山、前山の広大な神宮林があり、五十鈴川の水源にもなっている。神宮林はヒノキの人工林と照葉樹の自然林からなり、本来は正殿を20年ごとに建てかえる式年遷宮の用材林であるが、近年は材木を外部から調達している。

江戸時代、建前として庶民の旅は禁止されていたが、寺社詣でと湯治の旅は許され、本音としての物見遊山が盛んに行われた。特に国の祖神のお伊勢参りは特別であり、神宮側も御師が庶民の互助組織の講をつくり、案内、宿舎、土産などの手配を行った。17世紀のケンペル、18世紀のツュンベリーの日本旅行記にも記され、江戸中期には年間50万〜60万人のお伊勢参りがあったと推定されている。関東からついでに金毘羅山や厳島に参るという大旅行をしている農民もいた。「遊び七分に信心三分」「伊勢参り大神宮へもちょっと寄り」といわれたように名所遊覧の旅であった。

伊勢志摩国立公園は終戦の翌年、社会が大混乱の1946（昭和21）年、突然誕生する。国立公園法の正規の手順は踏まず、区域も市町村が全部とり込まれた。GHQ（連合国軍総司令部）の統制下においていち早く指定されたのは、従来、欧米人の興味を惹く真珠と伊勢神宮があったことによると推測されてきた。しかし、近年の研究で、大きな目的は伊勢神宮の保護にあったと指摘されている（水内、古谷、2012、pp.389〜394）。戦後、伊勢神宮はGHQの政教分離方針によって国家の保護を失い、一方、信教の自由によって一宗教団体としての存続が認められる。しかし、戦前の国体護持に対する反発や戦後の資源不足の困窮もあり、神宮林の樹木の伐採要求や盗伐、境内の動物の狩猟や五十鈴川の漁労が行われ、危機に瀕した伊勢神宮は国家による救済を求めるのである。これを支援したのが当時国立公園行政を担当していた厚生省の石神甲子郎技官とGHQのワルター・ポパム大尉であった。国立公園にして守ろうと考えたのである。神社有地を国立公園にできたのは地域制公園制度の利点によるものであった。ポパムはアメリカの内務省国立公園局などに勤めた人物であり、アメリカの国立公園体系が国立公園のほかに国立記念物、国立歴史地区なども含んでいたことから、伊勢神宮保護も当時の厚生省国立公園部所管に委ねたのであろう。

庭 室生赤目青山国定公園赤目四十八滝・香落渓

＊名勝

赤目四十八滝・香落渓は三重県と奈良県の県境の山地を流れる名張川上流の平行する二つの支流に位置する。赤目四十八滝は滝や淵が数多く連続し、特に落差のある不動滝、千手滝、布曳滝、荷担滝、琵琶滝は赤目五瀑と称される。修験道の場であり、「赤目」の名は修験道の開祖役行者の前に赤い目の牛に乗った不動明王が現れたという伝説に基づいている。香落渓は火山の噴出物の堆積と浸食によってできた渓谷で、関西の耶馬渓と呼ばれ、屏風岩、鬼面岩などの断崖の柱状節理や奇岩が続く。

都 松阪公園　＊特別史跡、史跡、日本の歴史公園100選

松阪市の松阪公園は松坂城跡を公園にしたものである。松坂城は安土桃山時代に戦国武将の蒲生氏郷が丘陵に築いた平山城である。城跡からは松阪市が一望できる。特筆すべきは、この地に松坂在住だった本居宣長旧宅が移築されたことである。宣長が12歳から72歳で亡くなるまで暮らした家である。宣長は江戸中期から後期にかけて、契沖や賀茂真淵を継承して、国学を発展させた人物である。当時は儒教をはじめとする中国の学問が主流であったが、古事記、日本書紀、源氏物語などの日本の学問を追究したのである。50歳代に2階の書斎を鈴屋と名付け、こもって研究に勤しんだ話は有名である。宣長は鈴の音色を愛好していたという。

都 九華公園　＊日本の歴史公園100選

桑名市の九華公園は桑名城跡を公園にしたものである。敷地は本丸跡と二の丸跡であるが、城郭の建築物はなく、石垣、堀が残るのみである。桑名市の東端の揖斐川に接し、河川から堀に水を引き入れた水城で、堀が公園の大半を占め、いくつもの橋を渡るのが公園の大きな魅力である。明治維新以後、幕府側であった桑名城は荒廃し、昭和になって元城主の松平定信没後百年を記念して、九華公園として整備された。公園設計は、元桑名

藩士で庭園史研究家の小沢圭次郎と伝えられている。

庭 城之越遺跡　＊名勝、史跡

伊賀市比土の城之越遺跡では、1991（平成3）年に圃場整備事業に伴う発掘調査で、河川の岸に小石を貼り付けて立石を置いた、庭園的な遺構が発見された。現在は不便な場所だが、古代には大和から伊勢に抜ける道の分岐点で、交通の要所だった。溝の中の貼り石は、石の最も小さな面（小端）を見せるようにして、差し込まれ重ねられていた。立石は高さ50cmほどの細長い石を、貼り石の間に立てたもので、岬部分に集中していた。上層には5世紀の土師器ばかりが含まれていることから、貼り石は4世紀後半までさかのぼると推定された。また、溝の中から小型丸底壺・朱塗高杯・武器形木製品などが出土しているので、この河川の水源になっている上方の湧き水に関連した、祭祀遺構ではないかと考えられている。

全体の様子は、平城京左京三条二坊宮跡庭園に似ているのだが、庭園の出現を古墳時代の4世紀後半とすることは、他に例がなくて早すぎる感じがする。庭園に影響を与えた可能性があるということで、日本庭園の源流とみておくのが妥当なのだろう。

庭 北畠氏館跡庭園　＊名勝

北畠氏館跡は、津市美杉町上多気に位置している。伊勢国司だった北畠具教の本城は多気にあった霧山城だが、北畠神社一帯が北畠氏歴代の居館だった。だが、織田信長は1576（天正4）年に多気を襲って、居館も焼き払った。1996～2005（平成8～17）年度までの発掘調査では、15世紀前半と15世紀末～16世紀初頭に造営された、2時期の居館跡が発見されている。

北畠神社境内に残っている園池の規模は、東西55m、南北25mほどだが、『伊勢国司紀略』（1840〈天保11〉年）に「池は米字の形を成し」と書かれているように、岬のように岸から突き出した出島が多く設けられ、石組が施された汀線は、非常に複雑になっている。管領細川高国が1531（享禄4）年に、摂津大物での戦いに敗れて自害する時に、婿の伊勢国司の北畠晴具に「絵にうつし石を作りし海山を　後の世までも目かれずや見ん」という歌を贈ったと、『重編応仁記』に記されていることから、高国の作庭だとされている。

地域の特性

三重県は、東日本と西日本の接点にある県で、経済的には名古屋圏に含まれる。北部は平野を交えた穏やかな地形であるが、南部は山がちで沿岸部はリアス海岸であり、出入りが複雑である。奈良県境に位置する大台ヶ原山麓は日本有数の多雨地帯である。志摩半島にある伊勢神宮は天照大神を祀る内宮と豊受大神の外宮からなる。20年ごとに神殿を造営する式年遷宮祭が行われる。二見浦は伊勢神宮のみそぎ場であり、日の出の名所で知られる夫婦岩がある。志摩半島の南にある英虞湾は真珠養殖で知られる。

◆旧国名：伊勢、伊賀、志摩、紀伊　県花：ハナショウブ
県鳥：シロチドリ

温泉地の特色

県内には宿泊施設のある温泉地が67カ所、源泉総数は194カ所あり、湧出量は毎分4万6,000ℓで全国19位にランクされる。源泉温度は42℃未満が多く、75%を占めるほどである。年間延べ宿泊客数は温泉地が急成長して575万人を数え、全国4位にランクされた。宿泊客数の多い主な温泉地は、鳥羽市の安楽島が68万人で県内トップであり、以下に志摩市の浜島36万人、津市の佐田27万人、榊原23万人、桑名市の浦安22万人、鳥羽市の船津21万人などが続いており、温泉開発が急速に進んだ三重県の現状がわかる。一方、知名度の高い鈴鹿山脈の御在所（ございしょ）岳山麓の湯の山は7万人ほどであり、国民保養温泉地に指定されている菰野町湯ノ口も同じく7万人強に止まっているが、一方、同町の千草は15万人で発展している。

主な温泉地

①安楽島（あらしま）

68万人、26位
単純温泉

県中東部、志摩半島の鳥羽に近い場所で、1992（平成４）年に地下1,500 mの大深度掘削をした結果、単純温泉が湧出した。この温泉を利用して宿泊施設が稼働し始めたが、当初は客数が少なく年間３万人を維持するにすぎなかった。1999（平成11）年の設備投資やその後の客の志向に合わせた経営などが反映して、年間宿泊客数は増加の一途をたどり、現在約70万人を数えるまでに発展した。隣接する真珠島の観光はもちろん、鳥羽水族館などのほか、二見浦の夫婦岩、伊勢神宮内宮、おかげ横町などを訪ねる広域観光が加わって相乗効果をもたらしている。

交通：JR 参宮線鳥羽駅、タクシー８分

②浜島（はまじま）

36万人、66位
塩化物泉

県中東部、志摩半島の英虞湾に臨む位置にあり、温泉については動力揚湯で必要量が地元や外来の宿泊施設へ配湯されており、温泉地であることが地域内の各種の開発にもよい影響を与えている。この地域でも施設観光的な多様な観光対象が加えられているが、英虞湾といえば真珠養殖のいかだが浮かぶ景観が心に残るし、また、「日本の夕陽百選」にも選ばれているので、地域性を反映したポイントをボランティアが案内するようなソフト面での充実を図るとよいであろう。

交通：近鉄線鵜方駅、バス25分

③浦安（うらやす）（長島）

30万人、83位
単純温泉

県北東端、木曽川、長良川と揖斐川の木曽三川が伊勢湾に流れ込んでできた三角州上で、1963（昭和38）年に天然ガスの試掘をしていたところ60℃の有力な温泉が湧出し、温泉開発が進んで一大温泉リゾートが形成された。翌年に温泉宿泊施設のグランスパー・長島温泉がオープンし、その翌年に、プール、ゴルフ場などを整備して、ナガシマスパーランドが誕生した。現在、日本最大級の温泉リゾートとして、多くの宿泊客や日帰り客を受け入れている。

交通：JR 関西本線桑名駅、バス20分

④湯の山（ゆのやま）・千草（ちくさ）

24万人、96位
放射能泉、単純温泉

県北部、鈴鹿山脈の御在所岳東麓にある温泉地であり、718（養老２）

年に浄薫上人が薬師如来のお告げを受けて温泉を発見したという伝説が残されている。渓谷の三滝川両岸に旅館が分布しているが、別名で鹿の湯とよばれるほどに険しい山峡の温泉地である。景勝地の御在所岳へはロープウェイが通じており、切り立った岸壁の景観は見事で、特に新緑や紅葉の時期は観光客で賑わう。御在所岳へ登れば、琵琶湖、伊勢湾を一望でき、晴れた日には富士山も見えるという。10月上旬に行われる僧兵祭りは県下最大の火祭りともいわれ、火炎神輿を担いで練り歩く光景は、伝統文化の素晴らしさを実感できる。また、菰野町千草地区で1963（昭和38）年に天然ガス探査中に温泉を発見し、開発が始まった。宿泊施設では露天風呂などが評価されて客が増えている。

交通：近鉄湯の山線湯の山温泉駅、バス10分

⑤榊原（さかきばら）

23万人、97位
硫化水素泉

県中東部、津市の南東に位置する温泉地であり、古来、七栗郷の地名にちなんで「七栗の湯」とよばれてきた。清少納言の『枕草子』にも、「湯は、ななくりの湯、有馬の湯、玉造の湯」と記されており、日本三名泉に選ばれるほどである。お伊勢参りの参詣者にも利用され、伊勢神宮に献上するサカキを清めるために、この温泉が使われたという。射山神社では毎年２月と７月に神宮献枝祭と献湯祭が行われる。榊原自然の森には、日帰り温泉施設の「ふれあいの里湯」があり、近くの青山高原は、初夏のツツジや秋のススキの原が見事である。

交通：近鉄大阪線榊原温泉口駅、バス15分

⑥湯ノ口（ゆのくち）

国民保養温泉地
塩化物泉

県南部、北山川支流の湯ノ口川の河畔、奈良時代以降開発が進んだ金鉱山跡にある温泉地で、1997（平成９）年に国民保養温泉地に指定された。700年ほど前、後醍醐天皇の指示で金山を発掘した際に温泉を発見したという。1979（昭和54）年に鉱山跡地で地下1,300ｍの大深度掘削を行い、新温泉を確保して湯ノ口温泉が誕生した。また、別の源泉をトンネル経由で引湯した旅館があり、２つの温泉宿を結ぶトロッコ電車がある。一帯には渓谷美で有名な瀞峡をはじめ、布引の滝、鉱山資料館、日本一の丸山千枚田、熊野古道など、観光対象が多い。

交通：JR 紀勢本線新宮駅、バス60分

執筆者 / 出典一覧

※参考参照文献は紙面の都合上割愛
しましたので各出典をご覧ください

I 歴史の文化編

【遺 跡】 **石神裕之** (京都芸術大学歴史遺産学科教授)『47都道府県・遺跡百科』(2018)

【国宝 / 重要文化財】 **森本和男** (歴史家)『47都道府県・国宝 / 重要文化財百科』(2018)

【城 郭】 **西ヶ谷恭弘** (日本城郭史学会代表)『47都道府県・城郭百科』(2022)

【戦国大名】 **森岡 浩** (姓氏研究家)『47都道府県・戦国大名百科』(2023)

【名門 / 名家】 **森岡 浩** (姓氏研究家)『47都道府県・名門 / 名家百科』(2020)

【博物館】 **草刈清人** (ミュージアム・フリーター)・**可児光生** (美濃加茂市民ミュージアム館長)・**坂本 昇** (伊丹市昆虫館館長)・**髙田浩二** (元海の中道海洋生態科学館館長)『47都道府県・博物館百科』(2022)

【名 字】 **森岡 浩** (姓氏研究家)『47都道府県・名字百科』(2019)

II 食の文化編

【米 / 雑穀】 **井上 繁** (日本経済新聞社社友)『47都道府県・米 / 雑穀百科』(2017)

【こなもの】 **成瀬宇平** (鎌倉女子大学名誉教授)『47都道府県・こなもの食文化百科』(2012)

【くだもの】 **井上 繁** (日本経済新聞社社友)『47都道府県・くだもの百科』(2017)

【魚 食】 **成瀬宇平** (鎌倉女子大学名誉教授)『47都道府県・魚食文化百科』(2011)

【肉 食】 **成瀬宇平** (鎌倉女子大学名誉教授)・**横山次郎** (日本農産工業株式会社)『47都道府県・肉食文化百科』(2015)

【地 鶏】 **成瀬宇平** (鎌倉女子大学名誉教授)・**横山次郎** (日本農産工業株式会社)『47都道府県・地鶏百科』(2014)

【汁 物】 **野﨑洋光** (元「分とく山」総料理長)・**成瀬宇平** (鎌倉女子大学名誉教授)『47都道府県・汁物百科』(2015)

【伝統調味料】 **成瀬宇平** (鎌倉女子大学名誉教授)『47都道府県・伝統調味料百科』(2013)

【発 酵】 **北本勝ひこ** (日本薬科大学特任教授)『47都道府県・発酵文化百科』(2021)

【和菓子 / 郷土菓子】 **亀井千歩子** （日本地域文化研究所代表）『47都道府県・和菓子 / 郷土菓子百科』（2016）

【乾物 / 干物】 **星名桂治** （日本かんぶつ協会シニアアドバイザー）『47都道府県・乾物 / 干物百科』（2017）

Ⅲ 営みの文化編

【伝統行事】 **神崎宣武** （民俗学者）『47都道府県・伝統行事百科』（2012）

【寺社信仰】 **中山和久** （人間総合科学大学人間科学部教授）『47都道府県・寺社信仰百科』（2017）

【伝統工芸】 **関根由子・指田京子・佐々木千雅子** （和くらし・くらぶ）『47都道府県・伝統工芸百科』（2021）

【民　話】 **逵 志保** （静岡県立農林環境専門職大学准教授） / 花部英雄・小堀光夫編『47都道府県・民話百科』（2019）

【妖怪伝承】 **化野 燐** （小説家） / 飯倉義之・香川雅信編、常光 徹・小松和彦監修『47都道府県・妖怪伝承百科』（2017）イラスト©東雲騎人

【高校野球】 **森岡 浩** （姓氏研究家）『47都道府県・高校野球百科』（2021）

【やきもの】 **神崎宣武** （民俗学者）『47都道府県・やきもの百科』（2021）

Ⅳ 風景の文化編

【地名由来】 **谷川彰英** （筑波大学名誉教授）『47都道府県・地名由来百科』（2015）

【商店街】 **正木久仁** （大阪教育大学名誉教授） / 正木久仁・杉山伸一編著『47都道府県・商店街百科』（2019）

【花風景】 **西田正憲** （奈良県立大学名誉教授）『47都道府県・花風景百科』（2019）

【公園 / 庭園】 **西田正憲** （奈良県立大学名誉教授）・**飛田範夫** （庭園史研究家）・**井原 縁** （奈良県立大学地域創造学部教授）・**黒田乃生** （筑波大学芸術系教授）『47都道府県・公園 / 庭園百科』（2017）

【温　泉】 **山村順次** （元城西国際大学観光学部教授）『47都道府県・温泉百科』（2015）

索　　引

あ 行

愛洲氏 31
あおさ(石蓴) 110
青山高 146
赤木城 23
赤福餅 6, 113
赤堀氏 31
赤目四十八滝・香落渓 174
アカヤシオ 171
明野高 146
英虞湾 157
浅里氏 31
小豆 60
安濃津県 9
安乗神社 125
荒木田 55
安楽島 177
あらめ(荒芽、荒布) 111
有馬氏 31
家所氏 31
伊賀上野城 23
伊賀牛 77
伊賀くみひも 128
伊賀市 3
伊賀漬け 98
伊賀忍者 5, 55, 108
いが餅 108
伊賀焼 131, 152
伊賀流忍者博物館 50
伊雑宮御田植祭 62, 117
石川家 39
伊勢赤どり 84
伊勢芋の落とし汁 90
伊勢うどん 6, 94, 99
伊勢うどんつゆ 95
イセエビの吉野揚げ 74
伊勢御師 7
伊勢型紙 100, 129
伊勢型紙資料館 100
伊勢銀座新道商店街 166
伊勢工(高) 146
伊勢紅茶 98
伊勢市 3
伊勢地鶏 83
伊勢志摩国立公園伊勢神宮 173
伊勢醤油 93
伊勢神宮 4, 173
伊勢神宮の神嘗祭 119
伊勢神宮の式年遷宮 5
伊勢神宮御酒殿祭 100
伊勢神宮領 9
伊勢素麺 66
伊勢沢庵 98
伊勢の赤福 113
伊勢国朝熊山経ヶ峯経塚出土品 4
伊勢ひじき 112
伊勢二見ヶ浦夫婦地鶏 84
伊勢平氏 7
伊勢湾板海苔 112
イチゴ 68
イチゴサンド 71
イチゴのプチタルト 71
イチジク 69
絲印煎餅 66, 83, 109
稲垣家 39
員弁 157
いなべ市農業公園のウメとボタン 170
猪名部神社 122
いなべ総合高 146
いな饅頭 75
稲生民俗資料館 61
猪子ぼた 107
岩一升、米一升 138
岩戸の塩 94
岩戸餅 109
雲林院氏 32
宇治土公家 39
宇治山田商(高) 147
海の博物館 46
ウメ 67, 169, 170
梅戸氏 32
浦安(長島温泉) 177
うるち米 59
えべっさんの「箕のせんべい」と「蛤饅頭」 105
お伊勢参り 8, 102
老伴 108
相可高 147
大内山氏 32
大木氏 32
大敷汁 75, 89
大入道 140
大鼻遺跡 13
大平つつじ山のツツジ 170
大矢知うどん 113
大矢知素麺 66
お蔭参り 8, 103
お飾り 65
岡田家 39
大河内氏 32
大河内城 24
奥伊勢七保どり 84
王来王家 56
御講汁 90, 99
おころ 65
おしもん 108
御田植祭と「さわ餅」 106
小津家 40
落とし汁 75
小原木 66, 107
尾鷲市 3
尾鷲神社ヤーヤー祭 117

か 行

海星高 147
カキ 68
柿パイ 71
柿フリッター 70
カキめし 62
柿ようかん 70
賢島 4
春日神社 122
片田・野田のため池群 61
かたやき 108
鹿伏菟氏 33
かぶら煎餅 83
神の穂 60
亀の尾 107
亀山 158
亀山城 24
加茂牛 78

カラ 70
川喜田家 40
河辺家 40
神麻続機殿神社 123
かんこ踊り 63
神嘗祭 119
神戸氏 33
神戸城 25
キウイ 69
キジ鍋 82
北畠顕能 7
北畠氏 33, 38
北畠氏館跡庭園 175
紀平 55
九華公園 174
旧諸戸家住宅 20
キュウリの冷や汁 89
九鬼氏 34
楠氏 34
久野家 40
熊野古道 79, 83, 133
熊野古道伊勢路 8
熊野地鶏 79, 83
クリ 69
黒ニンニク 99
鍬形祭 62
桑名市 3
桑名市博物館 50
桑名城 25
桑名西高 147
けいらん 108
けんけん丼 82
国府氏 34
コウナゴ料理 95
紅梅焼 107
国分家 40
極楽寺 124
御在所岳のアカヤシオとシロヤシオ 171
越賀氏 35
コシヒカリ 59
庫蔵寺本堂 19
五体火 141
巨旦将来 137
木造氏 35
小麦 60
菰野高 148

さ 行

斎宮 7
斎宮跡 16
斎宮歴史博物館 47
斎藤のルーツ 54
榊原 56, 178
サクラ 168
佐藤家 41
サマーフレッシュ 69
さまざま桜 108
沢田家 41
さわ餅 106, 109
残酷焼き 75
三帖和讃 18
三次郎話・ミナヌカ 137
さんま醤油 93, 98
さんまずし 74, 98
鹿刺し 80
鹿肉のカレー 80
鹿肉の炭火焼き 80
志がらみ 107
式年遷宮 5
しぐれ肉巻きおにぎり 62
時雨はまぐり 75, 99
しし鍋(猪鍋) 80, 89
七本鮫 141
志摩加茂五郷の盆祭行事 118
地味噌の煮みそ 94
下久具の御頭神事 100
十楽の津 3
シュンコウカン 69
生姜糖 109
醸造用米 60
焼酎 98
醤油 97
城之越遺跡 175
徐福伝説 135
不知火 68
尻コボシ 141
シロチドリ(白千鳥) 85
シロヤシオ 171
真巌寺 125
神宮スギ 4
神宮徴古館・農業館 49
真珠の塩 94
真珠養殖 5
菅原神社 124
すし 74
鈴鹿高 148
鈴鹿サーキット 5
鈴鹿山麓和牛 78
鈴鹿市考古博物館 50
鈴鹿墨 131
鈴鹿姫 142
鈴最中 108
諏訪西町商店街 164
関氏 35
関の戸 108
節分の「福引き煎餅」 105
セミノール 68
千枚田の虫送り 62
僧兵鍋 80, 82, 89
その手はくわなの焼き蛤 3
そば 60
蘇民将来と巨旦将来 137

た 行

大厳寺のフジ 169
鯛醤油 98
大豆 60
だいたて商店街 163
大地のめぐみ 84
田植えの野上がりに「蒸しだんご」 106
高河原氏 35
高田本山専修寺 3
たがね 107
高向大社 124
高柳商店街 166
竹川家 41
竹口家 41
多気城 26
竹のふし 108
タコめし 61
立梅用水 61
種村氏 36
田丸氏 36
田丸城 26
端午の節供のおさすり 106
だんだらぼっち 136
千方火 142
千種氏 36
智積養水 61
地蔵寺 126
千代結び 108
津市 2
津城 27
津田学園高 148
ツツジ 170
釣瓶落し 143
てこねずし(手こね寿司) 6, 62, 74, 99
寺町通り商店街 164
天花寺廃寺跡 15

天白遺跡 6
藤堂家 42
豆腐田楽 99
常磐井家 42
取っつく引っつく 135
鳥羽 158
鳥羽市 3
鳥羽城 28
鳥羽水族館 48
トモカヅキ 143
とらや饅頭 107
鳥出神社 122
とんてきのたれ 95

な 行

長島 177
長島城 28
長野氏 36
仲山神社 123
ナツミカン 68
名張 159
名張城 28
波切節 98
ナローゲージ 2
ニイヒメ 69
西村彦左衛門 138
日本酒 97
日本ナシ 68
如来坐像 18
如来寺 123
ねじりおこし 106
納所遺跡 14

は 行

俳聖殿 20
ハゲンボウズ 144
長谷川家 42
初午祭の「ねじりおこし」 106
服部の由来 54
ハトムギ 60
ハナショウブ 4
はまぐりご飯 75
蛤しるこ 107
蛤饅頭 105
ハマグリ料理 74
浜島 177
浜田家 42
萬古焼 130, 151
ビール 98
東家 43
久居 159
土方家 43
日紫喜 55
ひっぽろ神事 62
日野菜の酢漬け 98
火場焼き 75
肥満 56
ビワ 68
備長炭で焼くすき焼き 78
福地氏 37
フグのかす汁 74
福引き煎餅 105
藤波家 43
ブダイ料理 74
豚丼 79
二見浦 159
ブドウ 69
船幽霊 144
ブルーベリー 69
平成ミカン 70
ヘダイ料理 74
ホウボウ料理 74
星合氏 37
細野氏 37
ボタン 170
ほほえみかん 71
本多家 43

ま 行

マイヤーレモン 70
牧戸 56
まこもひっつみ汁 90
増山家 44
松浦武四郎関係資料 19
松浦武四郎記念館 19, 49
まつかさもち 108
松木家 44
松阪牛 76, 81, 91, 99
松阪牛しぐれ煮 99
松阪牛の漬物 78
松阪公園 174
松阪市 3
松阪市中心商店街 165
松阪地鶏 83
松阪城 29
松阪商(高) 148
松阪木綿 129
松平家 44
的矢カキ料理 75
豆味噌とみそ汁 93
マンボウ料理 74, 90
三井寺の鐘 134
三重クリーンポーク 78
みえ黒毛和牛 78
三重県総合博物館 47
三重高 148
みえのえみ 59
みえのゆめ 59
みえ豚 78
みえ和牛 78
ミカン 67
御木本幸吉 5
味噌 97
味噌カツ 93
みそ汁 93
三多気のサクラ 167
三井家 44
三井高利 8
ミナヌカ 137
南家城川口井水 61
南山古墳 15
峯氏 37
箕のせんべい 105
御墓山古墳 14
宮川堤のサクラ 168
みりん干し 94
蒸しだんご 65, 106
室生赤目青山国定公園 174
明応地震 7
めはりずし 99
メロン 70
麺つゆ 94
餅街道 105
もち米 59
本居家 45
本居宣長 9, 45, 48
本居宣長記念館 48
桃 69
百地氏 37
森添遺跡 13
諸戸家 45

や 行

焼きはまぐり 74
八壺豆 107
ヤマトタチバナ 70
結城神社のウメ 169
有精美容卵 84
湯ノ口 178
湯の山・千草 178
よごみだんご 65
四日市工(高) 149

四日市高　149
四日市市　3
四日市市立博物館　49
四日市ぜんそく　9
四日市萬古焼　130
ヨボリ　144

ら　行

六条大麦　60

わ　行

わかめ料理　75
和具の潮かけまつり　117
度会　55
度会県　9

47都道府県ご当地文化百科・三重県

令和6年 9 月 30 日　発　行

編　者　丸　善　出　版

発行者　池　田　和　博

発行所　丸善出版株式会社

〒101-0051 東京都千代田区神田神保町二丁目17番
編集：電話(03)3512-3264／FAX(03)3512-3272
営業：電話(03)3512-3256／FAX(03)3512-3270
https://www.maruzen-publishing.co.jp

組版印刷・富士美術印刷株式会社／製本・株式会社 松岳社

ISBN 978-4-621-30947-6　C 0525　Printed in Japan